G 37 L part
/2.
G 251
A.2

LE PETIT ATLAS MARITIME

RECUEIL DE CARTES ET PLANS DES QUATRE PARTIES DU MONDE.

Second Volume.

Contenant

L'AMERIQUE MÉRIDIONALE

et

ses Details.

Arnoul inv. Sculpsit

Table des Cartes et Plans du II.e Volume.

1. Mappemonde
2. Carte Générale de l'Amerique
3. Amerique Meridionale
4. Carte du Mexique
5. Environs de la Ville de Mexico
6. Rade et Fort de la Vera Crux
7. Ville de la Vera Crux
8. Carte des Provinces de Tabasco Chiapa,
9. Carte des Provinces de Nicaragua et Costa Rica.
10. Isthme de Panama Province du Darien &c.
11. Le Nouveau Royaume de Grenade
12. Carte Particuliere de l'Isthme de Panama
13. Plan de la Rade Port et Ville de Chagre
14. Carte de la Baye de Porto-Belo et Costes aux Environs
15. Plan de la Ville et Forts de Porto-Belo
16. Plan de la Rade et de la Ville de New Edimbourg ou l'Etablissement des Ecossois au Darien.
17. Carte des Provinces de Cartagene S.te Marthe Venezuela
18. Carte de la Baye de Zisapata dans le Golphe de Morosquille
19. Carte de la Baye de Cartagene
20. Plan de la Ville de Cartagene.
21. Carte de la Baye de S.te Marthe et Costes Voisines.
22. Plan du Port et Ville de S.te Marthe.

23 Carte des Provinces de Caraques, Comana, Paria &c.
24 Plan de Porto Cabello ou Cavello
25 Plan du Port et Ville de Guaira
26 Carte de l'Isle de Curassol
27 Carte du Cours de l'Orenoque depuis la Mer jusqu'a ses Sources, et des Rivieres qui s'y déchargent.
28 Carte de la Grande Embouchure de L'Orenoque.
29 Carte Générale de la Guyane
30 Riviere de Poumaron.
31 Riviere d'Essequebé
32 Rivieres de Copenama et Sarameca
33 Riviere de Berbiche
34 Riviere de Corentin
35 Colonie de Surinam
36 Ville de Paramaribo
37 Riviere de Maroni
38 Guyane Francoise
39 Riviere de Courou et les Isles du Diable ou du Salut
40 Isle de Cayenne et ses Environs
41 Carte Particuliere de l'Isle de Cayenne
42 Ville de Cayenne
43 Entrées de Cayenne et le Port
44 Riviere d'Aprouaque
45 Riviere d'Oyapoco et Riv. de Couripi
46 Guyane Portugaise et Riviere des Amazones

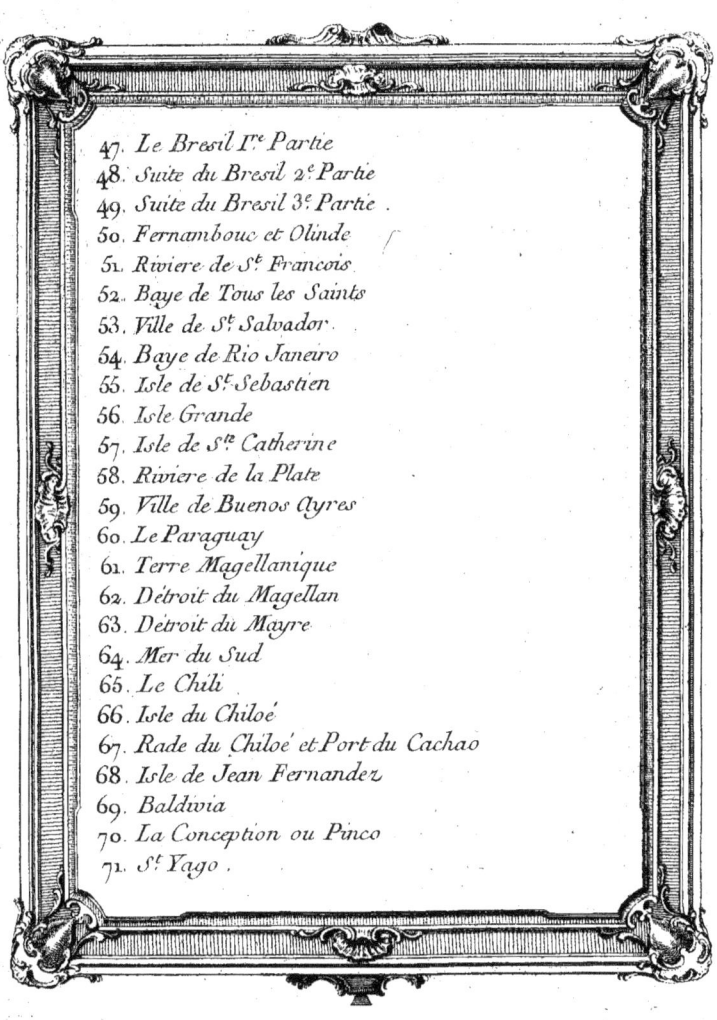

47. Le Bresil 1.re Partie
48. Suite du Bresil 2.e Partie
49. Suite du Bresil 3.e Partie
50. Fernambouc et Olinde
51. Riviere de S.t Francois
52. Baye de Tous les Saints
53. Ville de S.t Salvador
54. Baye de Rio Janeiro
55. Isle de S.t Sebastien
56. Isle Grande
57. Isle de S.te Catherine
58. Riviere de la Plate
59. Ville de Buenos Ayres
60. Le Paraguay
61. Terre Magellanique
62. Détroit du Magellan
63. Détroit du Mayre
64. Mer du Sud
65. Le Chili
66. Isle du Chiloé
67. Rade du Chiloé et Port du Cachao
68. Isle de Jean Fernandez
69. Baldivia
70. La Conception ou Pinco
71. S.t Yago

72. Valparaiso
73. Coquimbo et la Serena
74. Le Perou Audience de Lima
75. Le Perou Audience de Charcas
76. Arica
77. Pisco
78. Coste du Callao et Environs de Lima
79. Ville de Lima
80. Baye de Guayaquil
81. Province de Quito 1ᵃʳᵉ Feuille
82. Suite de la Province de Quito 2ᵉ Feuille
83. Suite de la Province de Quito 3ᵉ Feuille
84. Ville de Quito
85. Baye de Panama
86. Port d'Acapulco
87. Carte des Isles Açores Partie Occidentale
88. Partie Orientale des Isles Açores
89. Plan de la Ville d'Angra dans l'Isle Tercere l'une des Açores.

Fin du Second Volume.

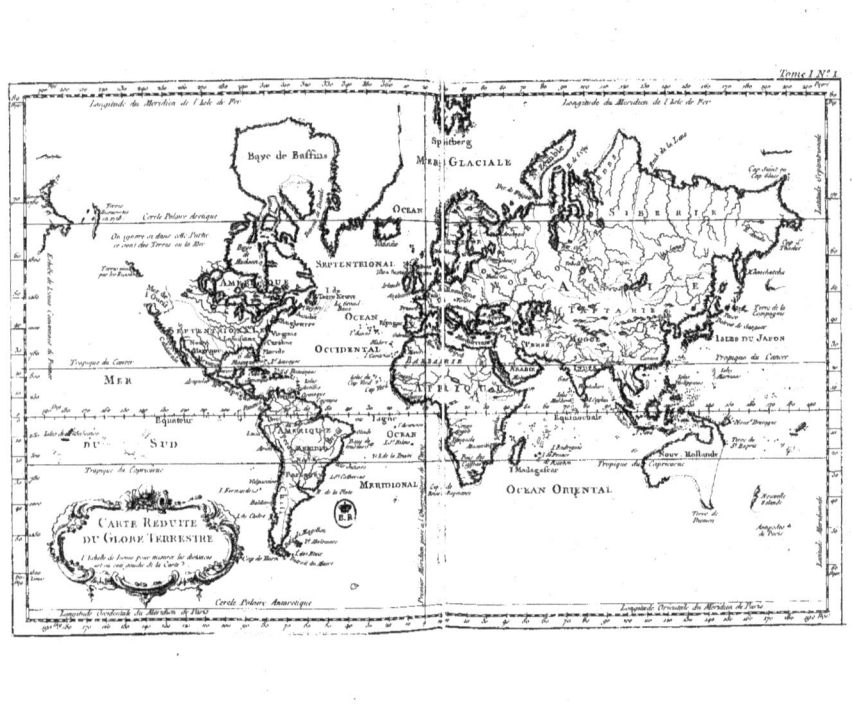

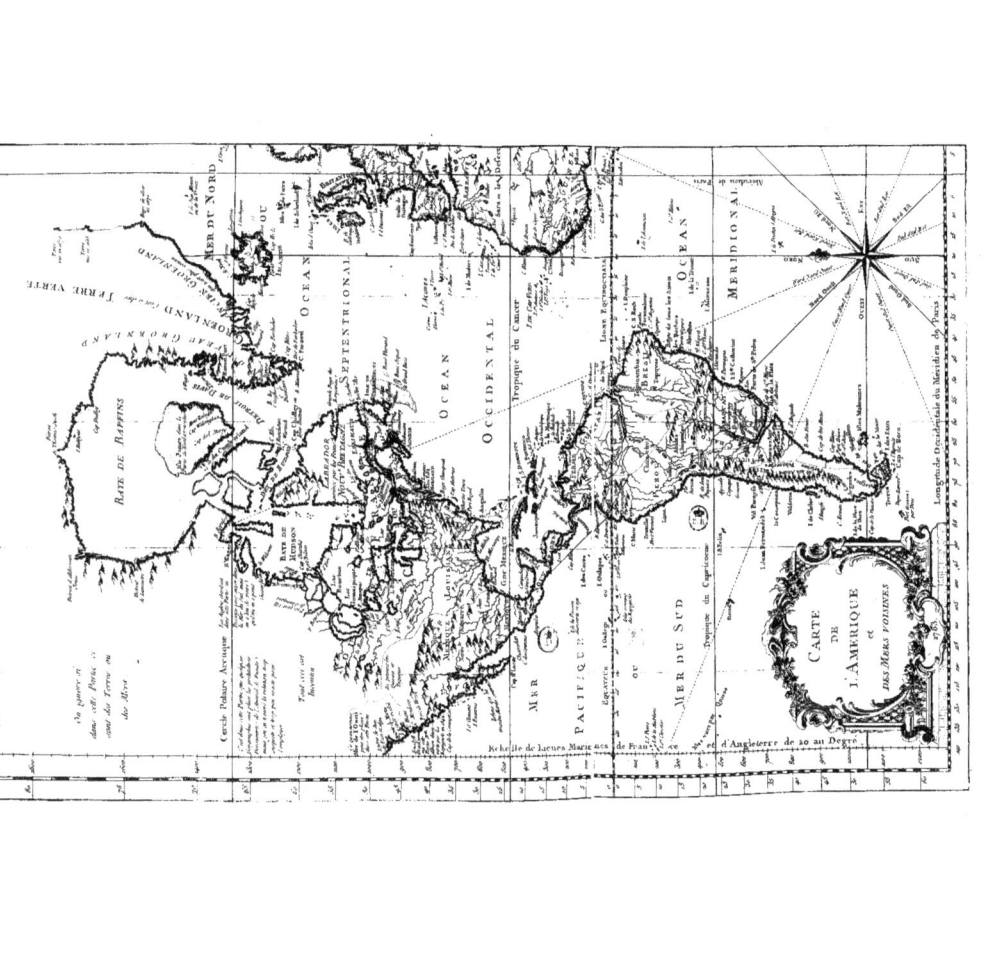

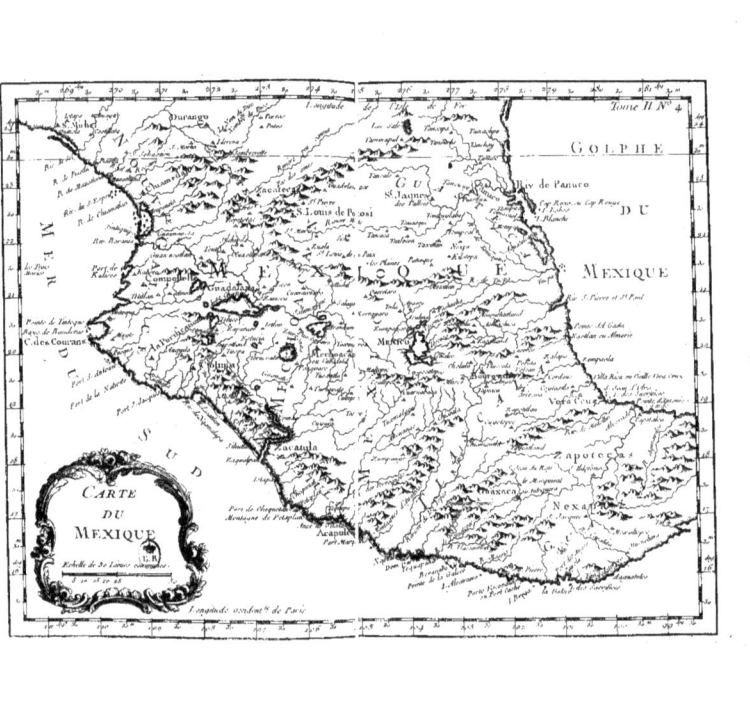

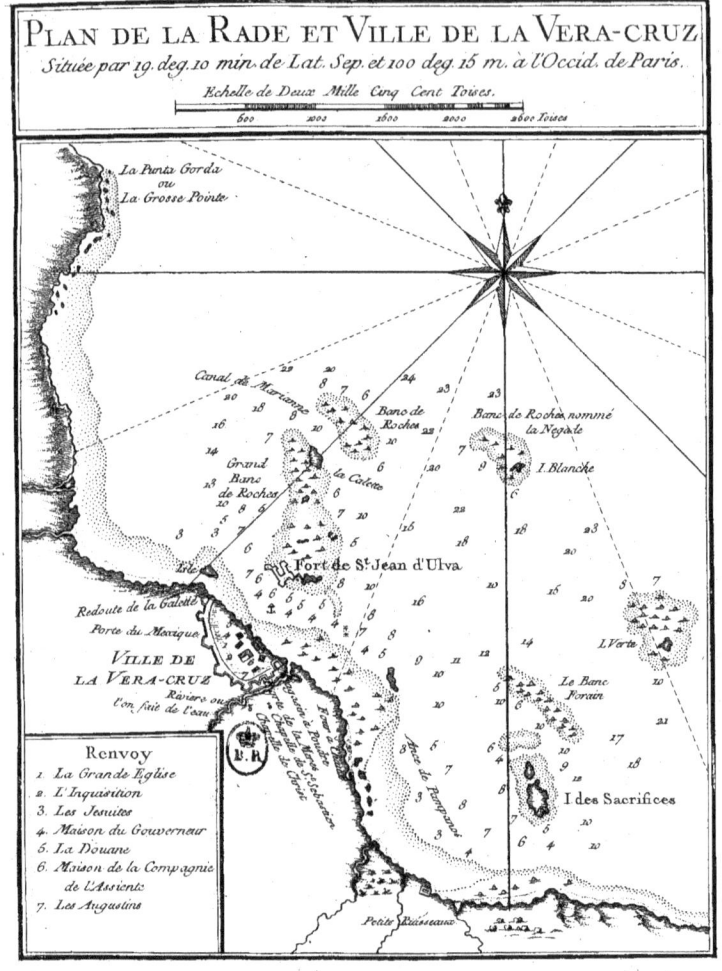

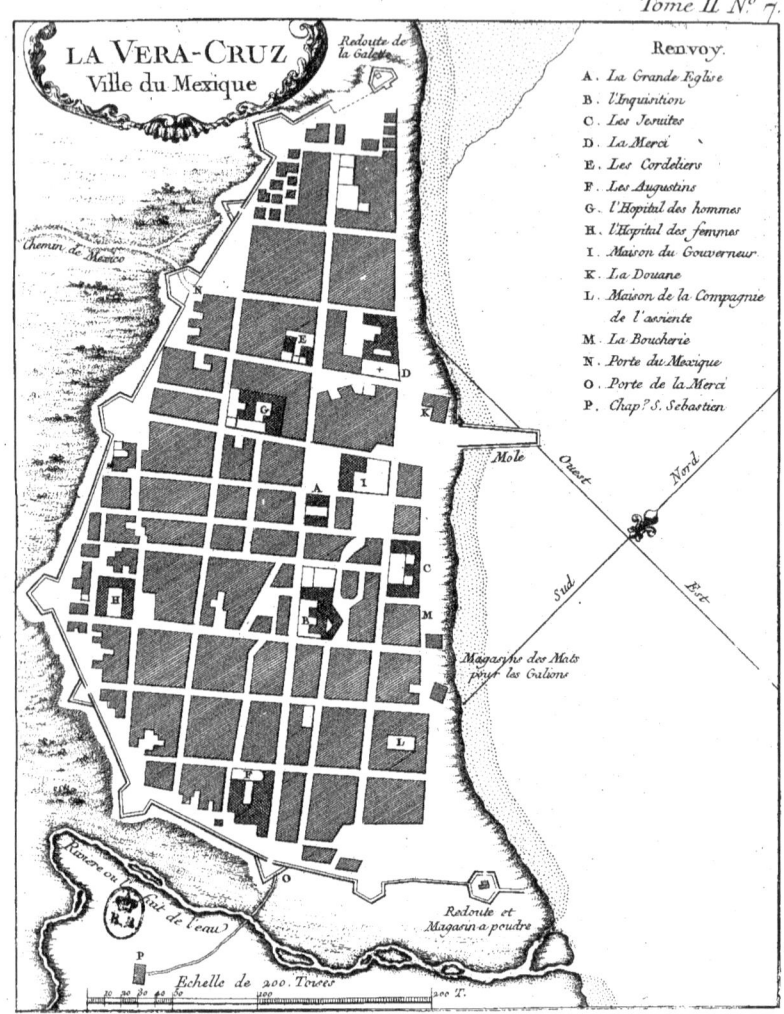

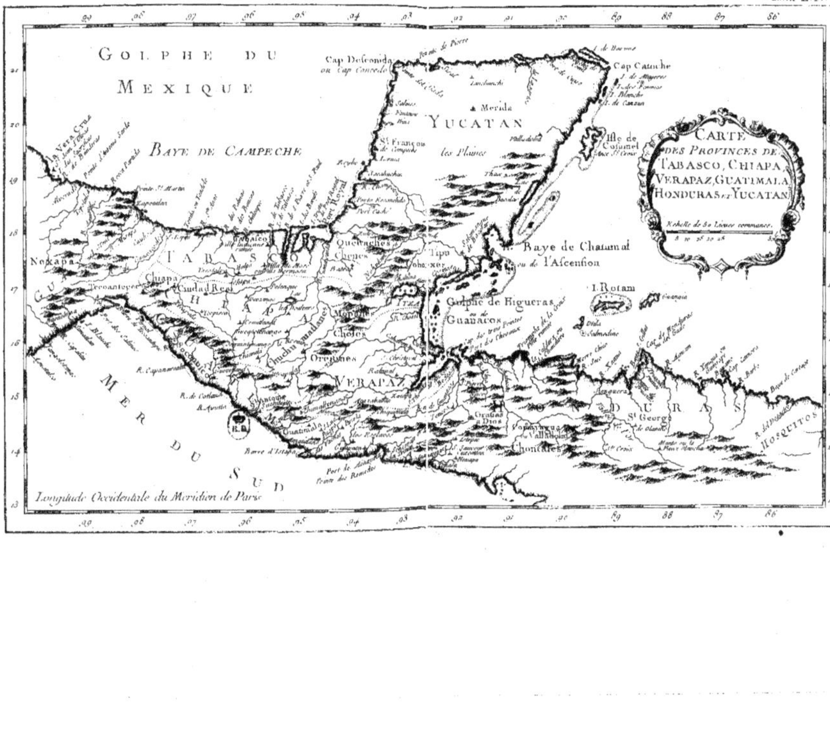
CARTE
DES PROVINCES DE
TABASCO, CHIAPA,
VERAPAZ, GUATIMALA,
HONDURAS ET YUCATAN
GOLPHE DU MEXIQUE
BAYE DE CAMPECHE
YUCATAN
Merida
les Plaines
Cap Catoche
Isle de Cosumel
Baye de Chatumal ou de l'Ascension
Golphe de Higueras ou de Guanacos
I. Rotam
TABASCO
Chiapa
Ciudad Real
Noxapa
Tecoantepec
VERAPAZ
Choles
MER DU SUD
HONDURAS
Gracias a Dios
Valladolid
Comayagua
St. George
HOSQUITOS
Longitude Occidentale du Meridien de Paris

CARTE DE L'ISTHME DE PANAMA ET DES PROVINCES DE VERAGUA TERRE FERME ET DARIEN

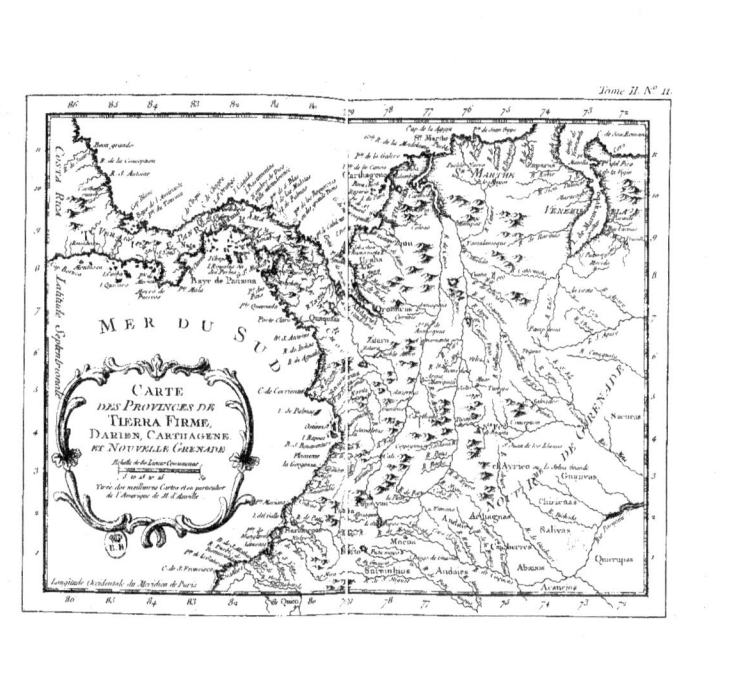

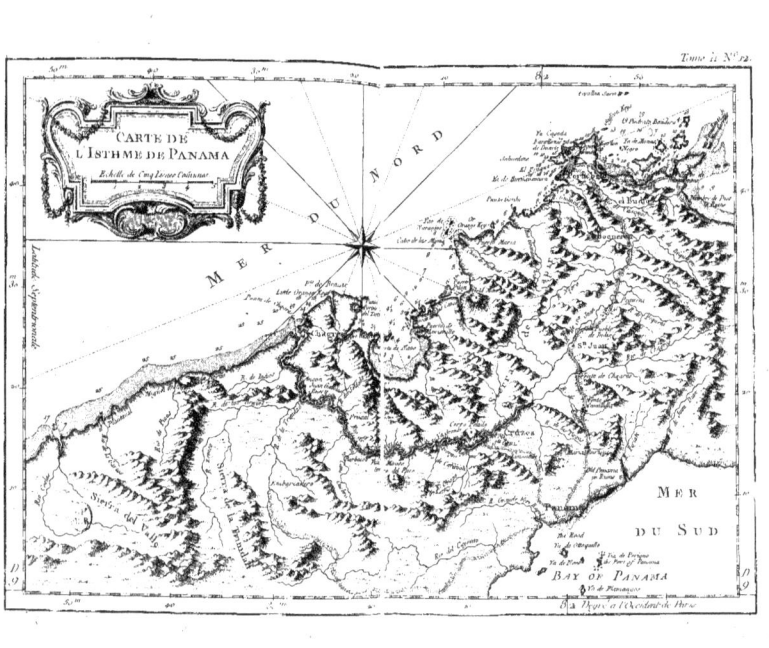

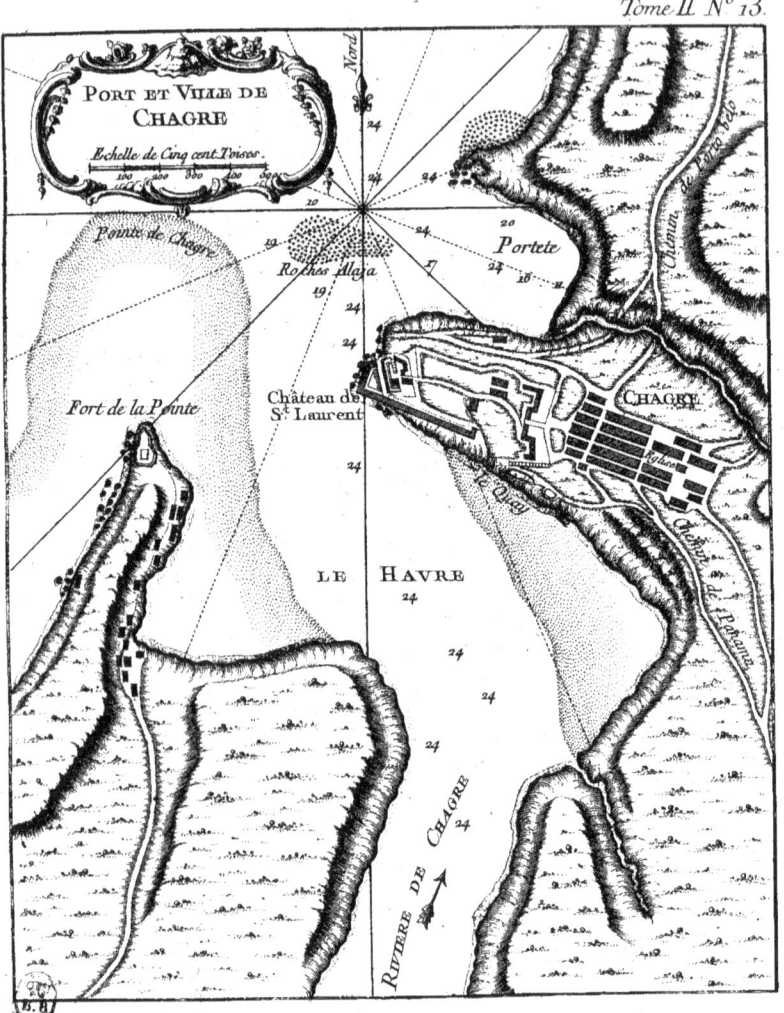

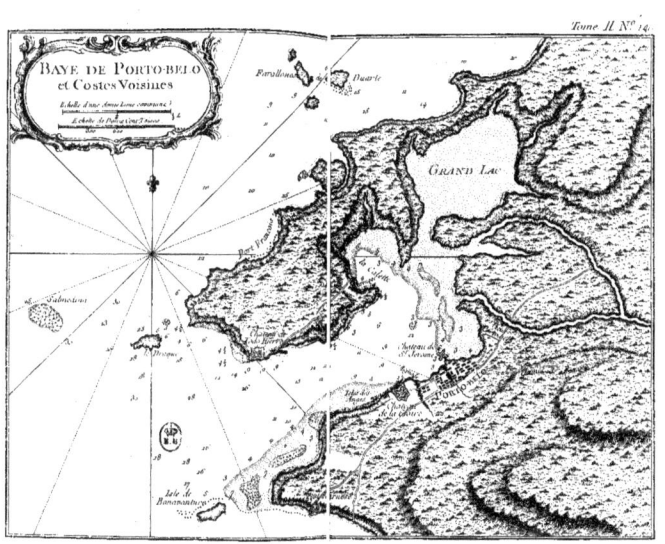

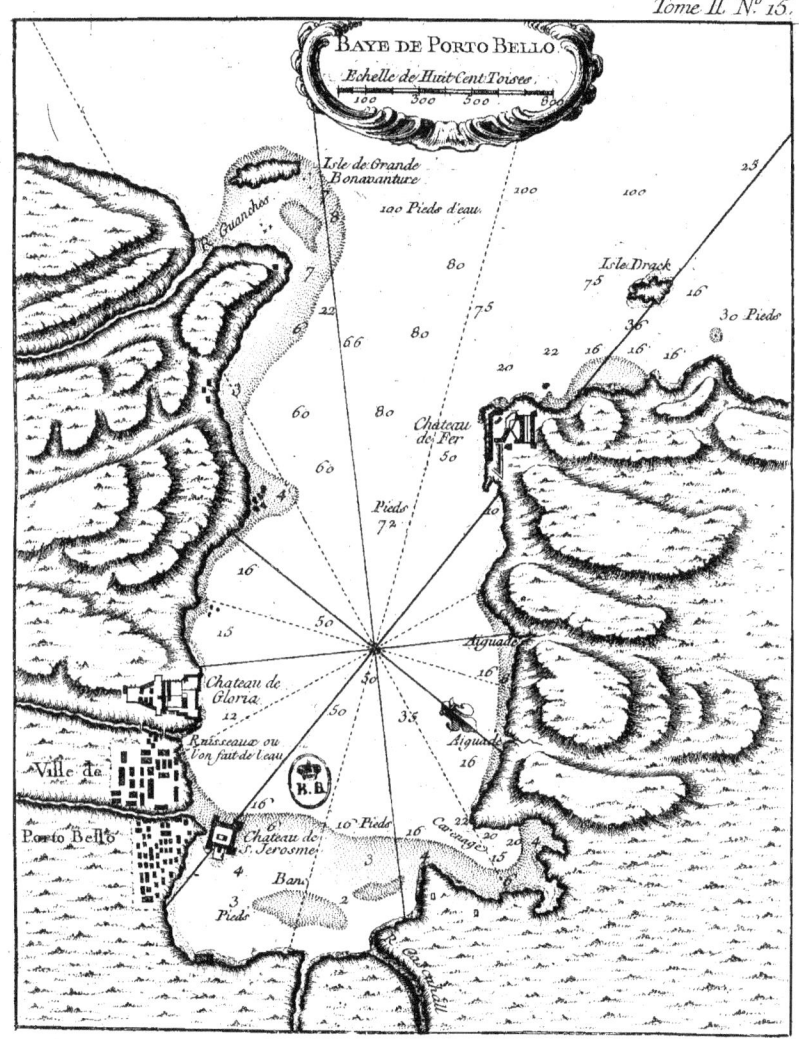

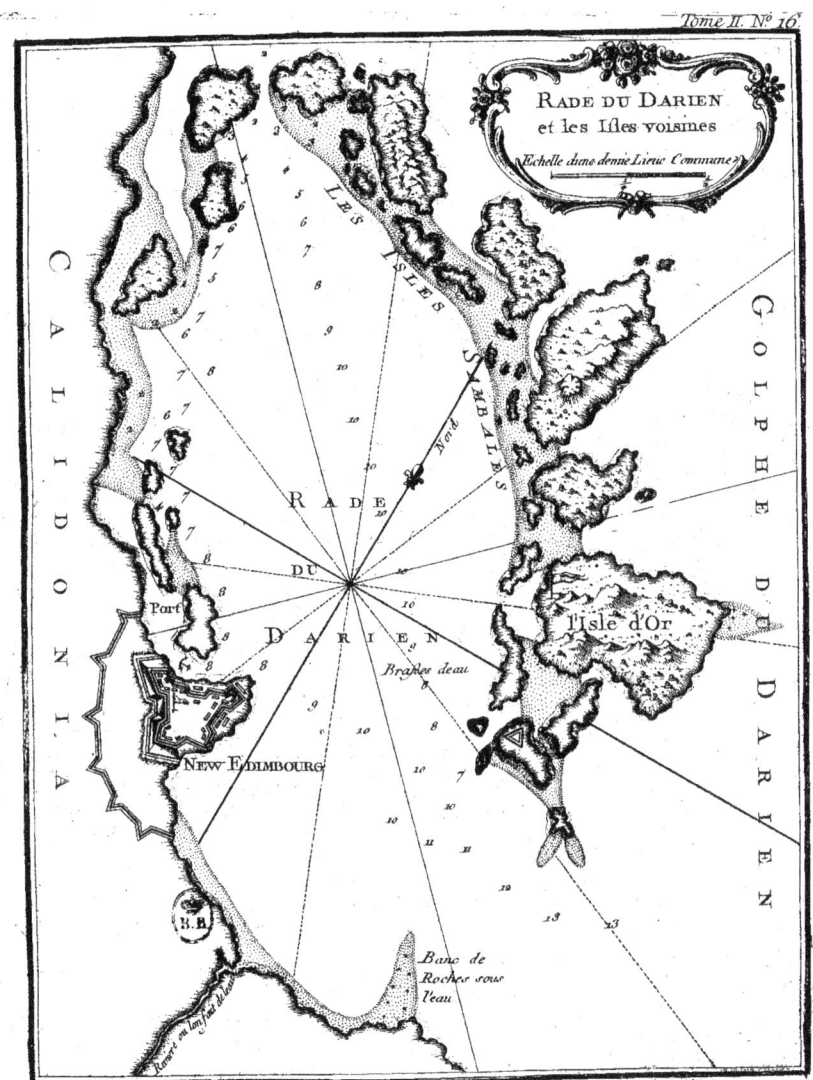

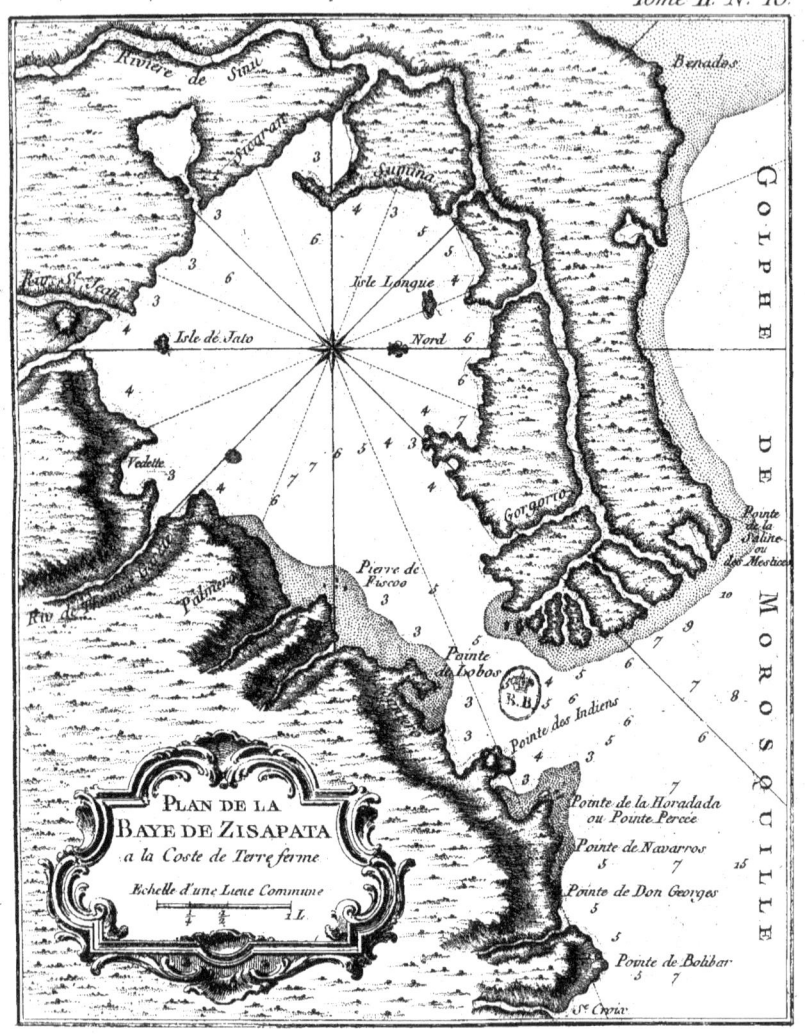

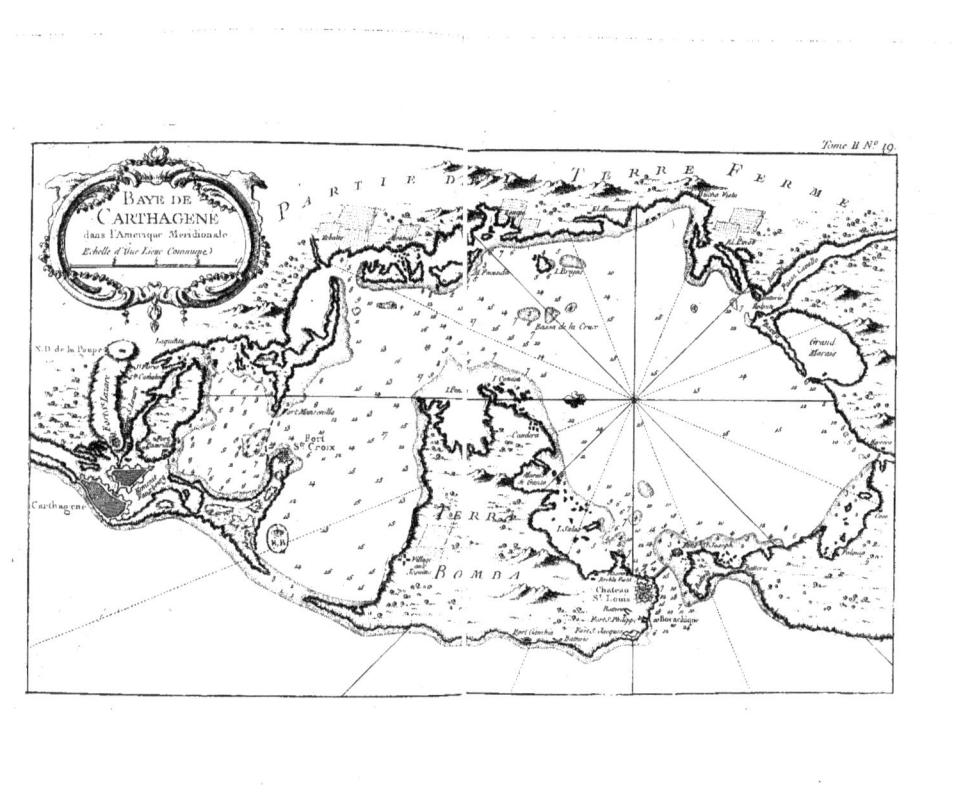

Tome II. N.º 20.

A. l'Eglise Cathedrale.
B. S.t Dominique.
C. S.t Augustin.
D. College des Jesuites.
E. l'Eglise neuve des Jesuites.
F. La Merci.
G. Filles de S.te Claire.
H. Filles de S.te Therese.
J. Saint François.
K. Paroisse de la S.te Trinité.
L. Citernes.
M. La Prison.
N. La Tuerie.
O. La Boucherie.
P. Saint Toribe.
Q. Magasin a Poudre.
R. Hermitage de S.t Roch.

VILLE DE CARTAGENE dans l'Amerique Meridionale.

COSTÉ DU PORT

GOLPHE DU MEXIQUE

Echelle de Deux Cent Toises.
25   50   200 T.

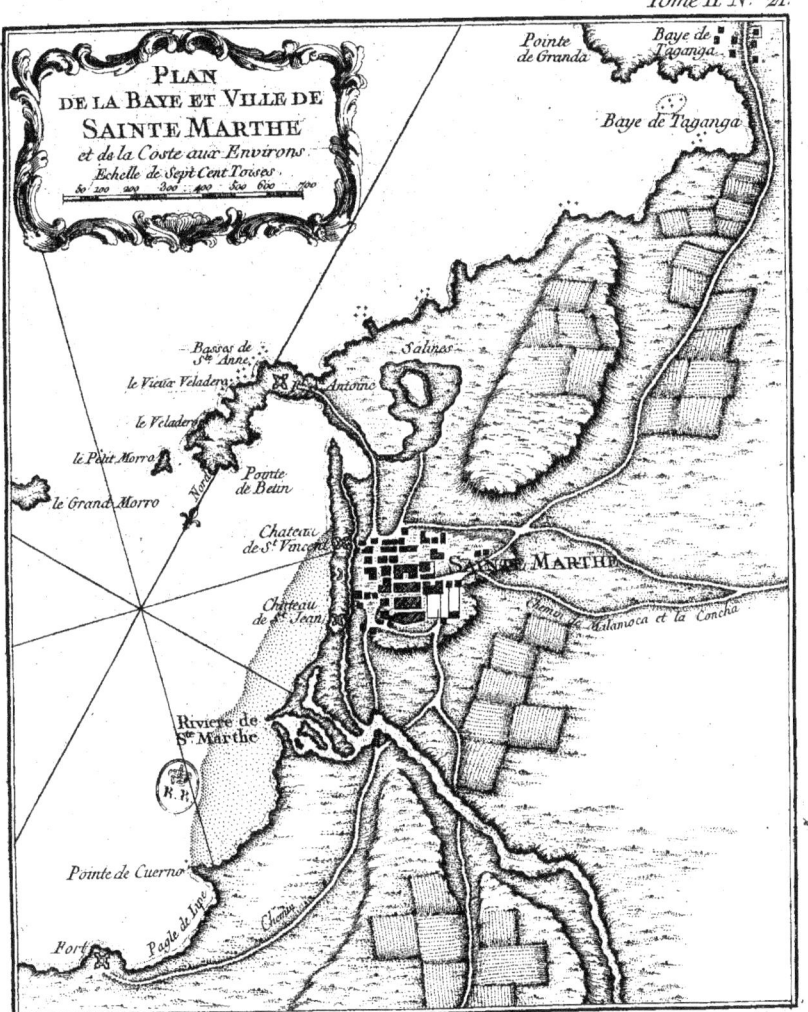

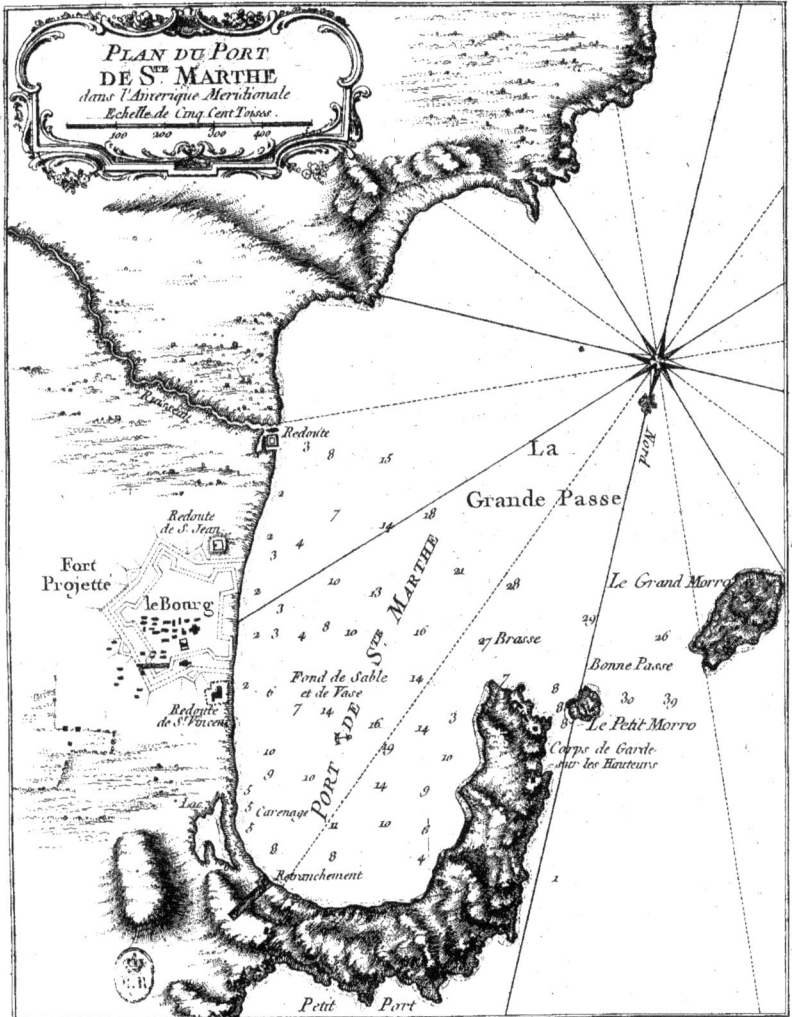

Carte des Provinces de Caracas, Comana, et Paria

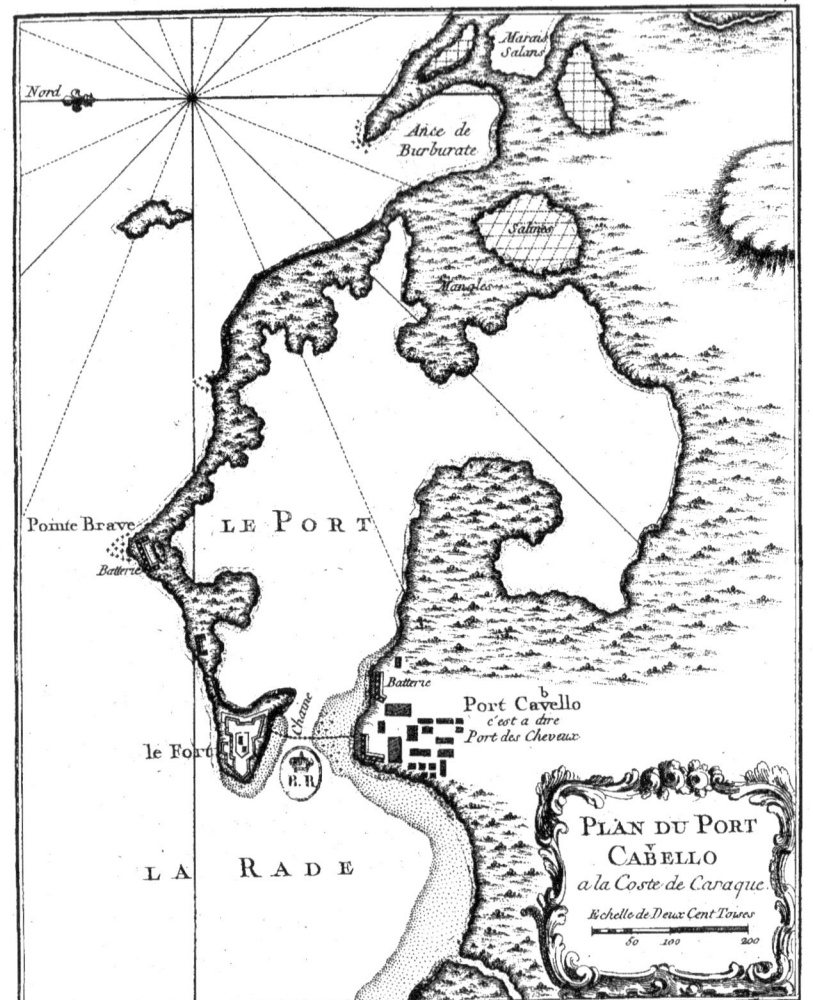

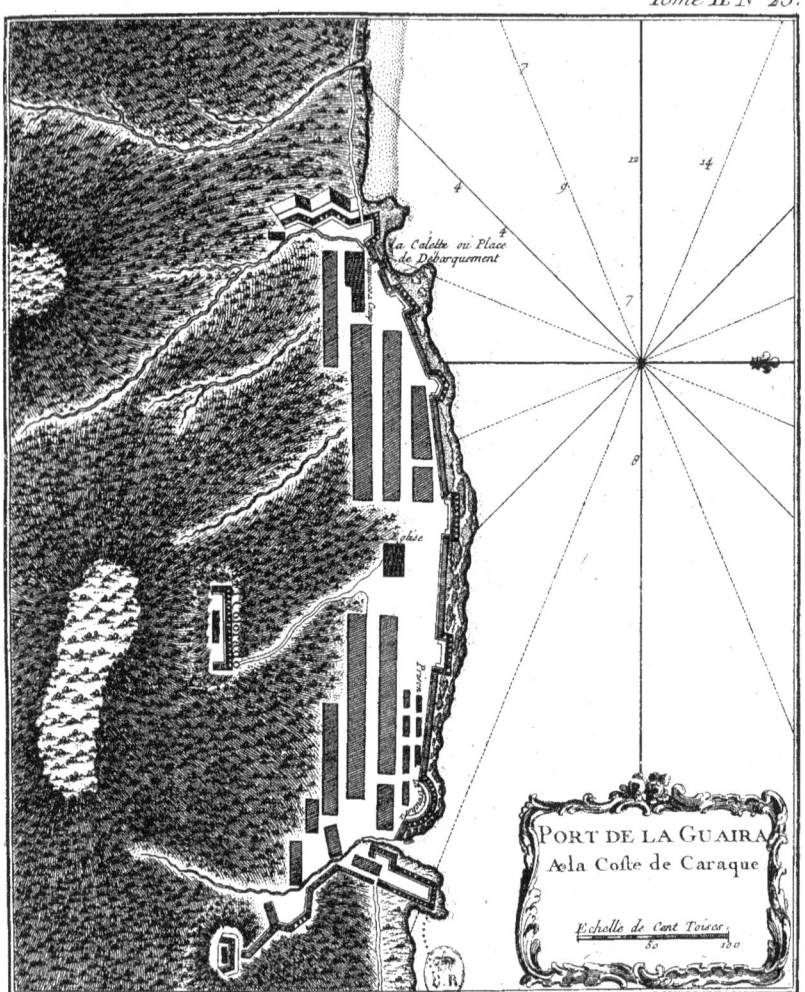

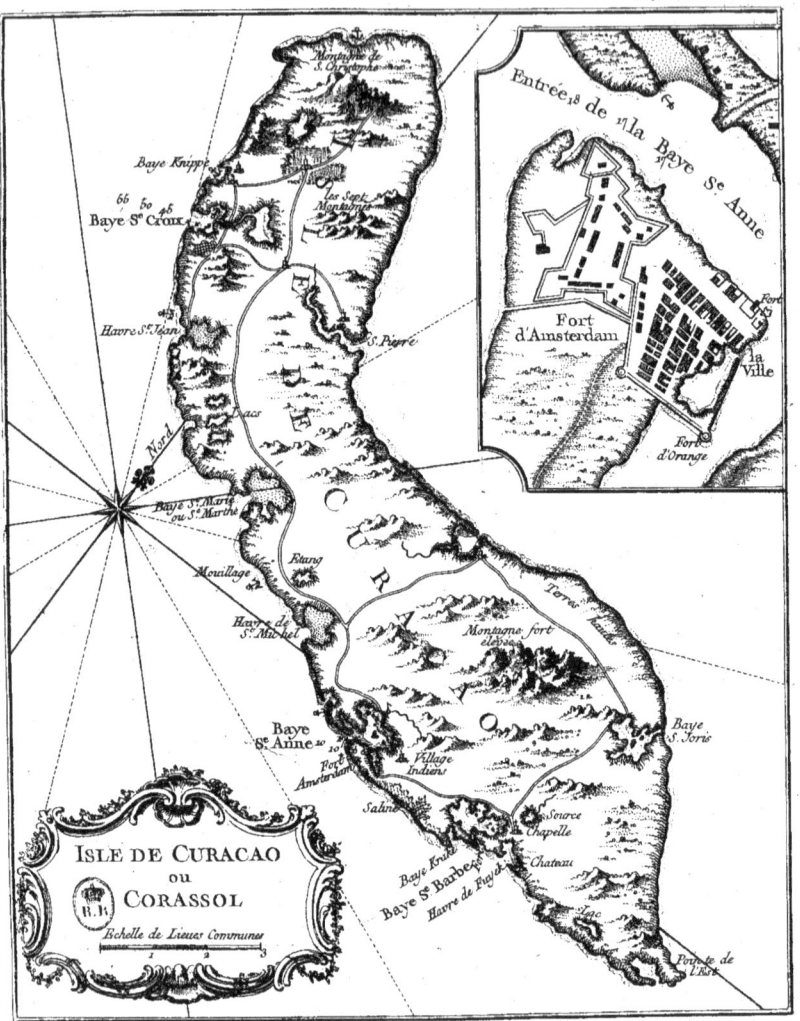

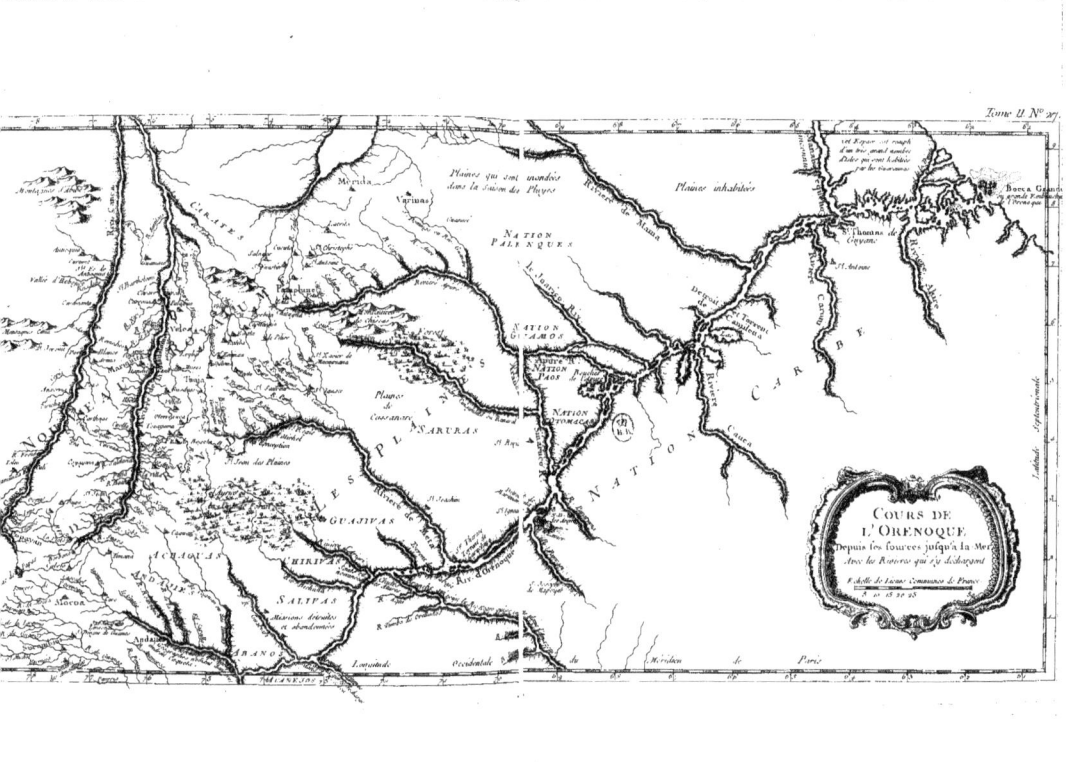

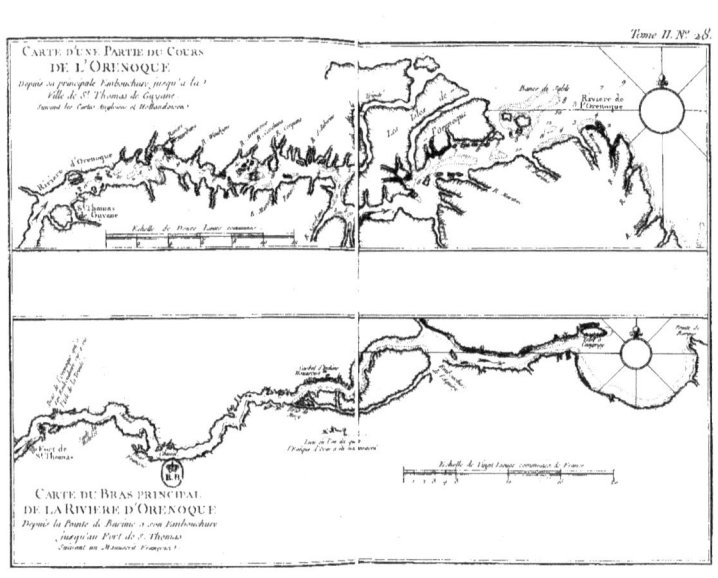

29

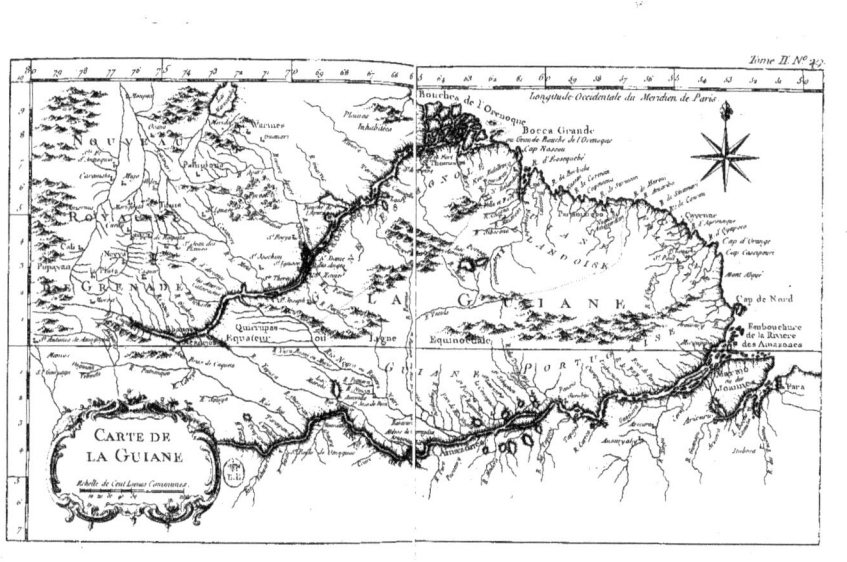

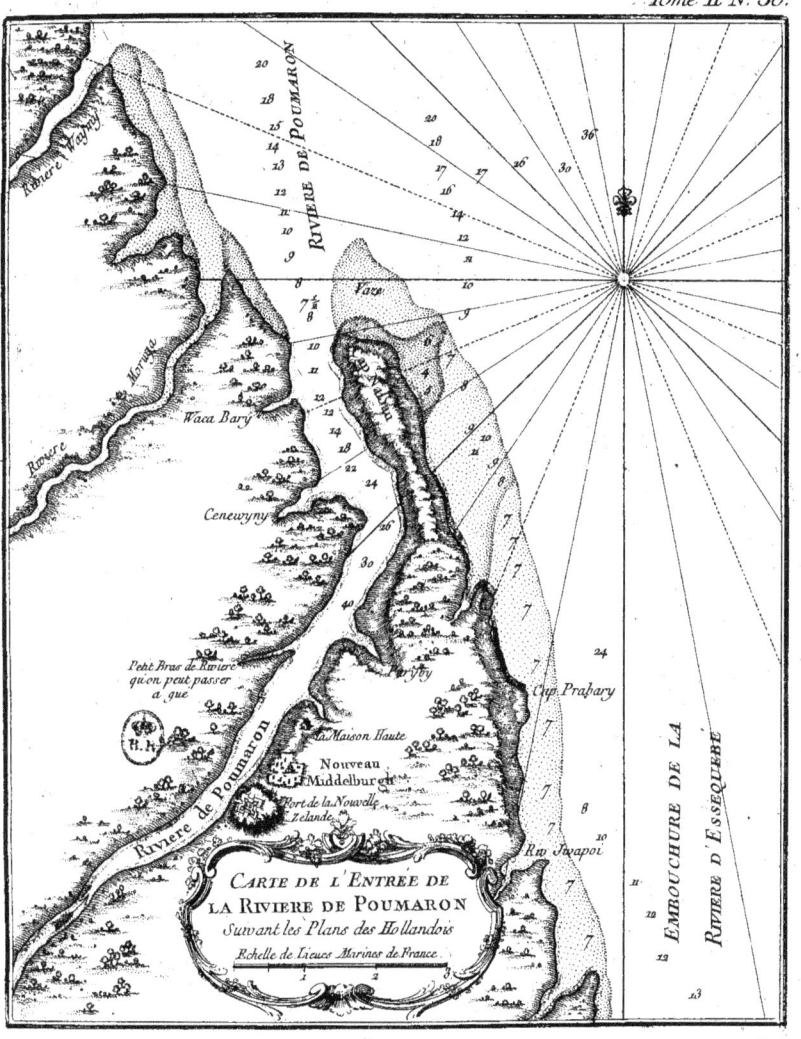

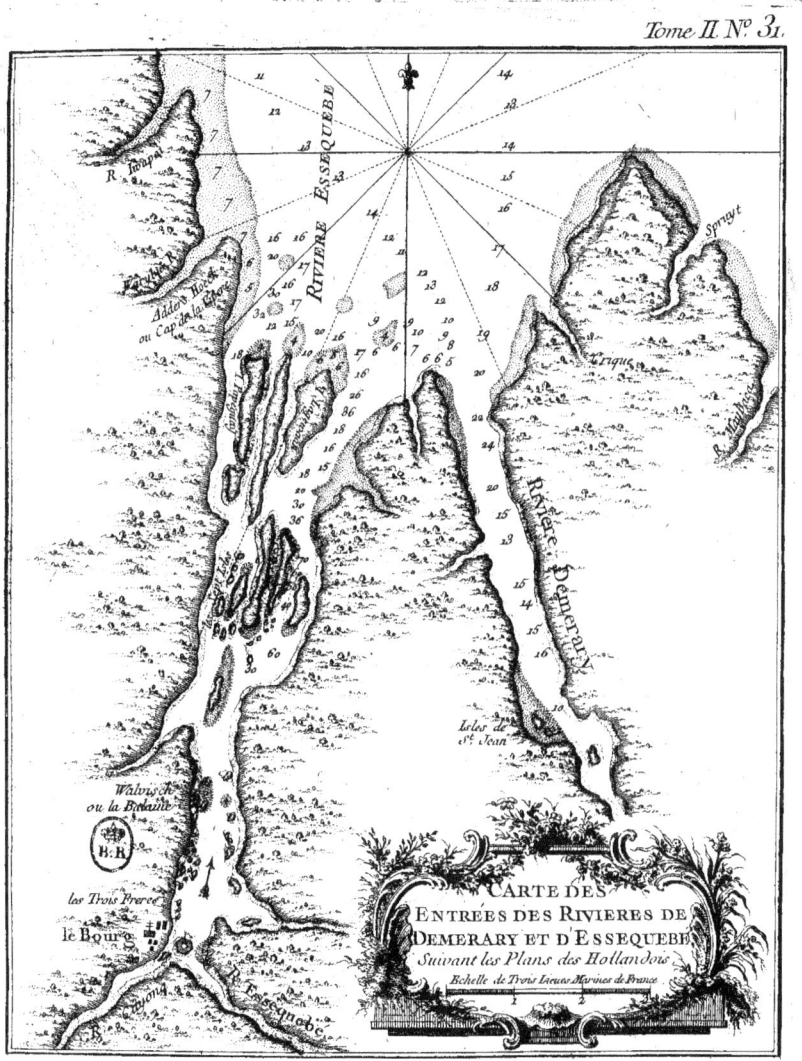

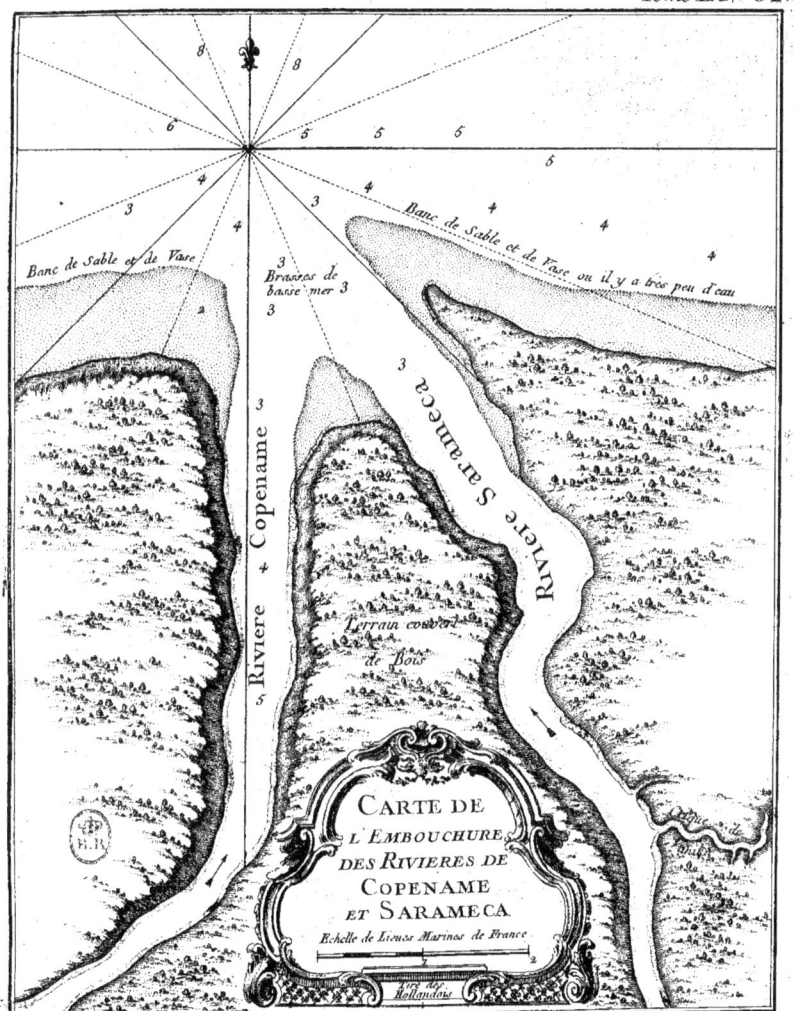

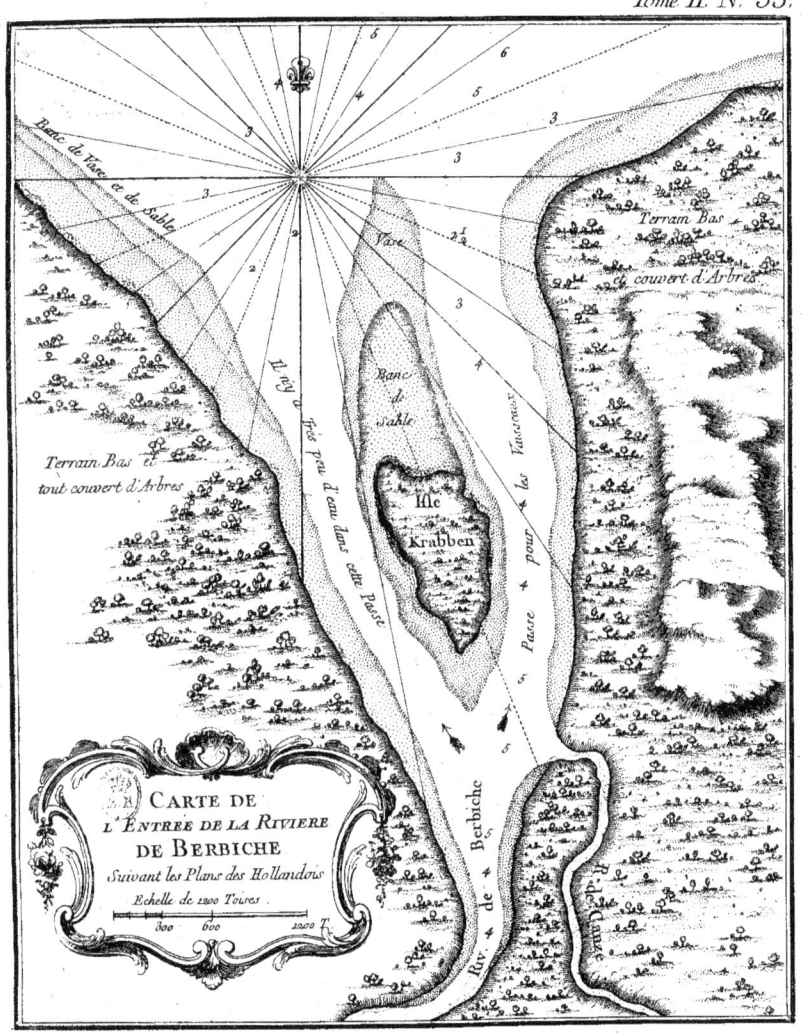

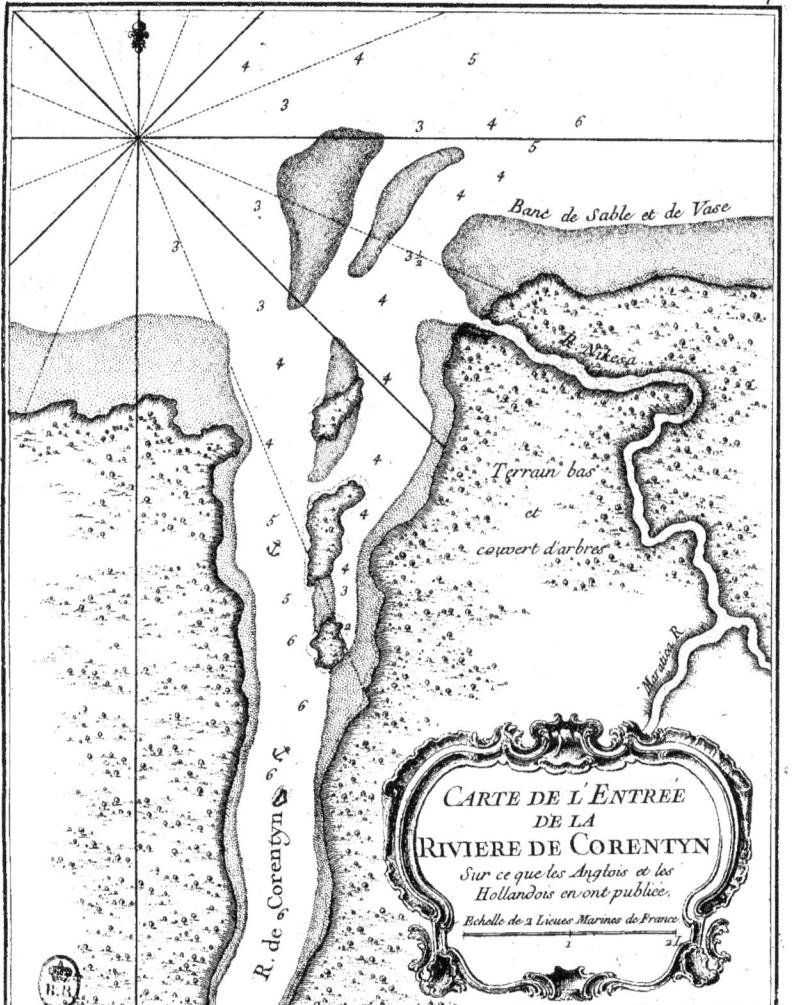

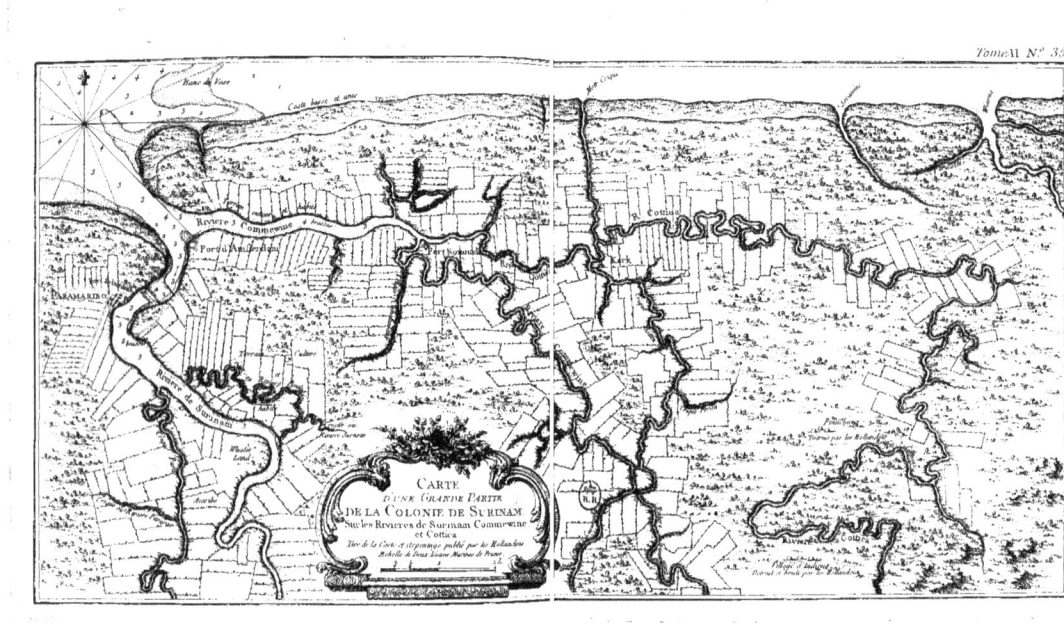

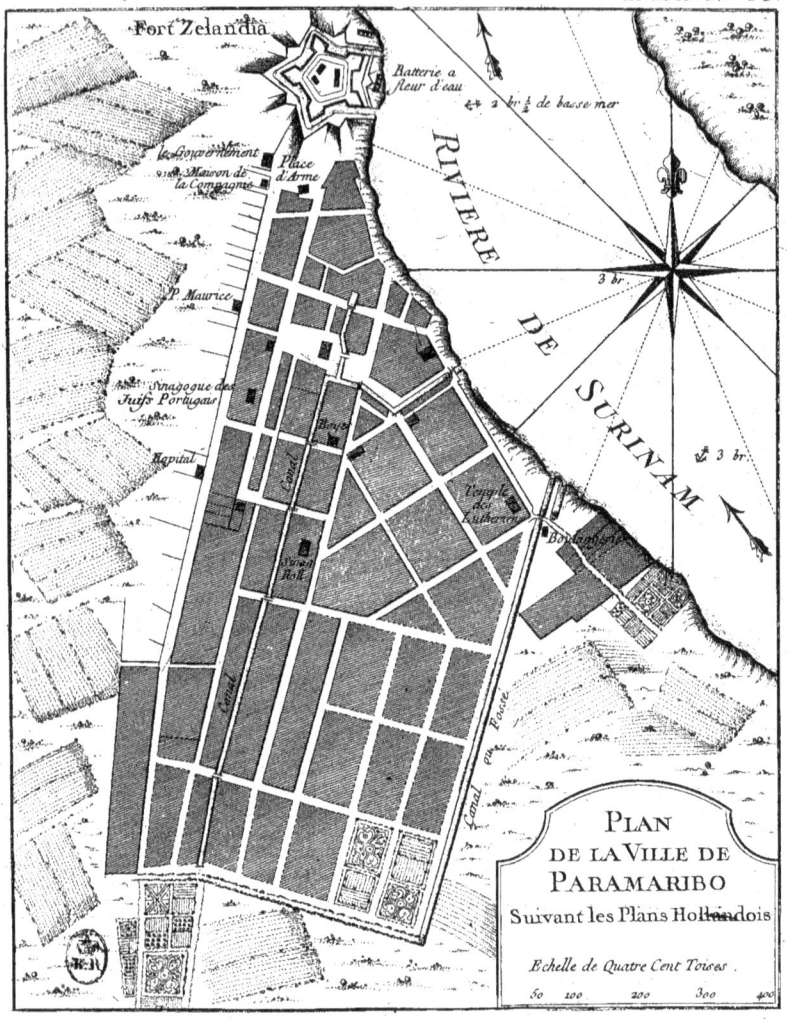

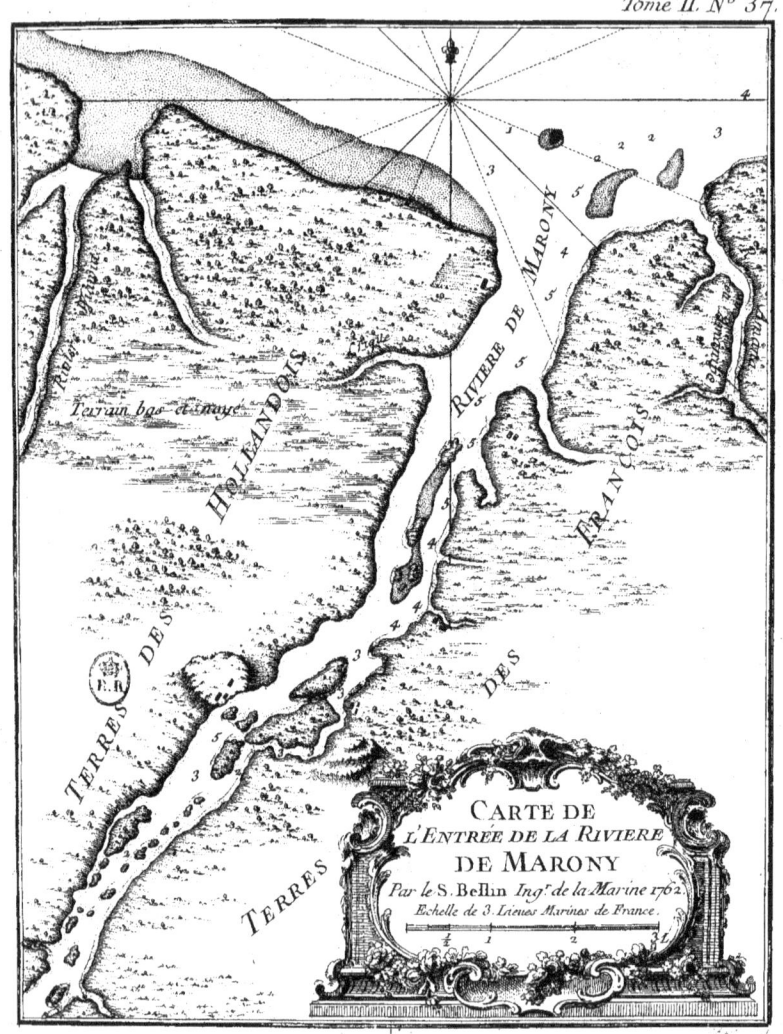

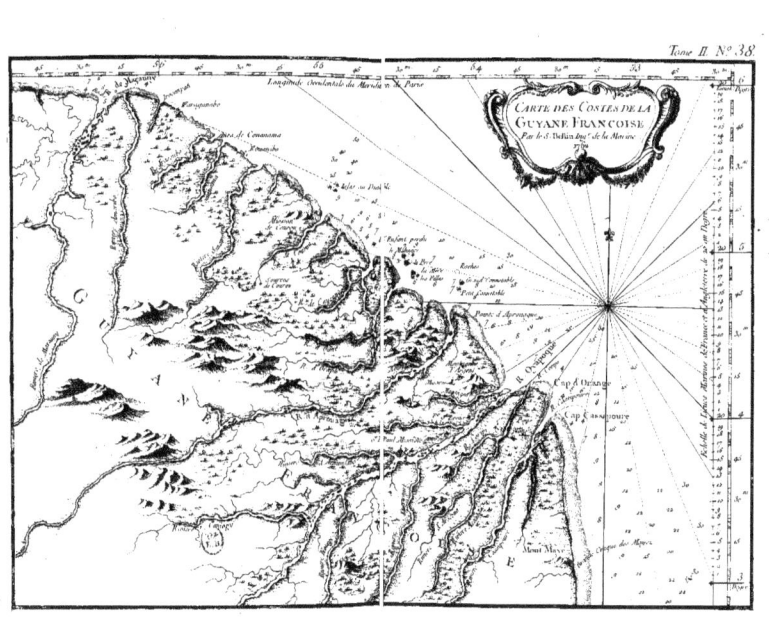

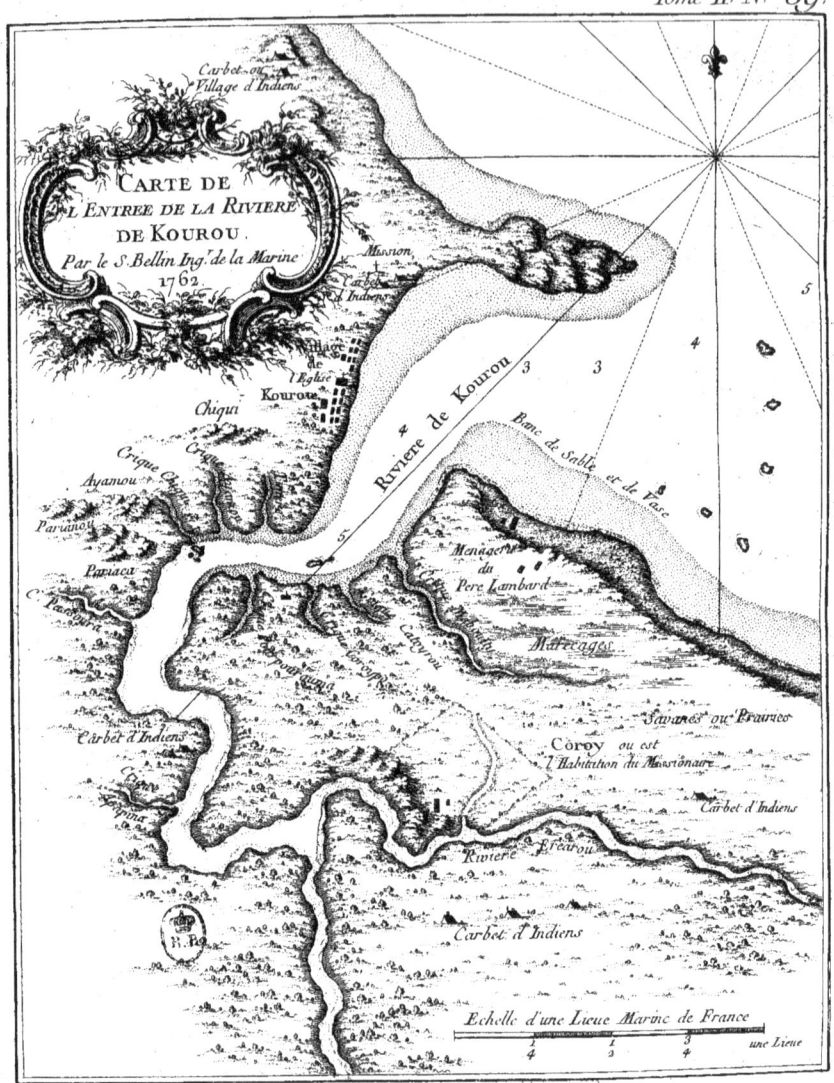

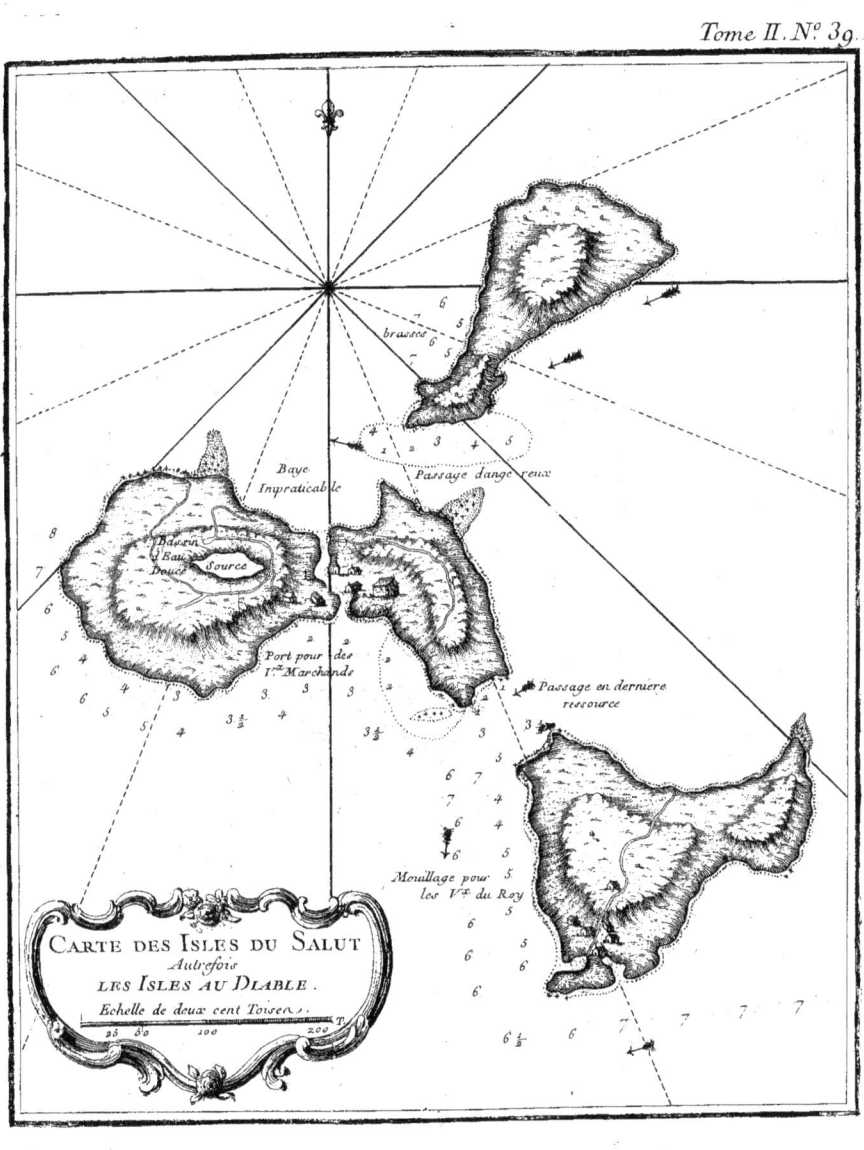

Tome II. N.º 39.

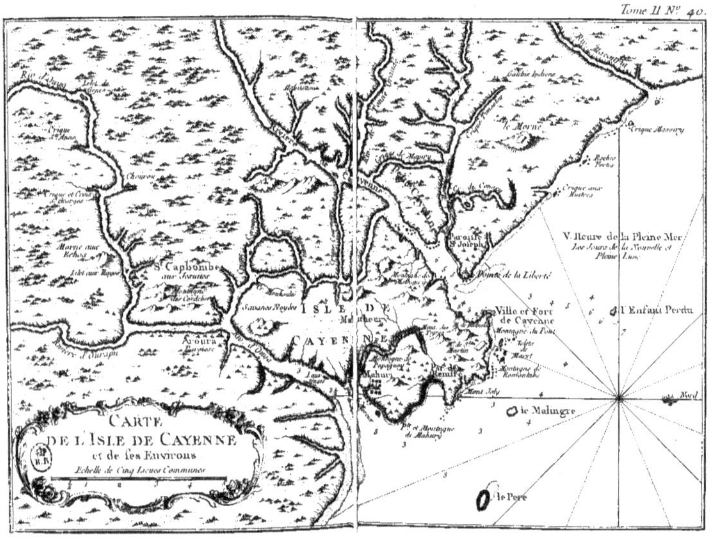
CARTE
DE L'ISLE DE CAYENNE
et de ses Environs
Echelle de Cinq Lieues Communes
ISLE DE CAYENNE
S.t Capbombe aux Jesuites
Chouron
Morne aux Relhos
Islet aux Raques
Savanes Noydes
Aroura
Riviere d'Ouyapu
Villle et Fort de Cayenne
Montagne du Pont
Par. de Remir
Mahury
Montagne de Papagaye
Mont Joly
Montagne de Romontabo
Paroisse S.t Joseph
Pointe de la Liberté
Roches Pertes
Crique aux Huitres
le Morne
Crique Macoury
l'Enfant Perdu
le Malingre
le Pere
Pte et Montagne de Mahury
V. Heure de la Pleine Mer
les Jours de la Nouvelle et Pleine Lune
Nord

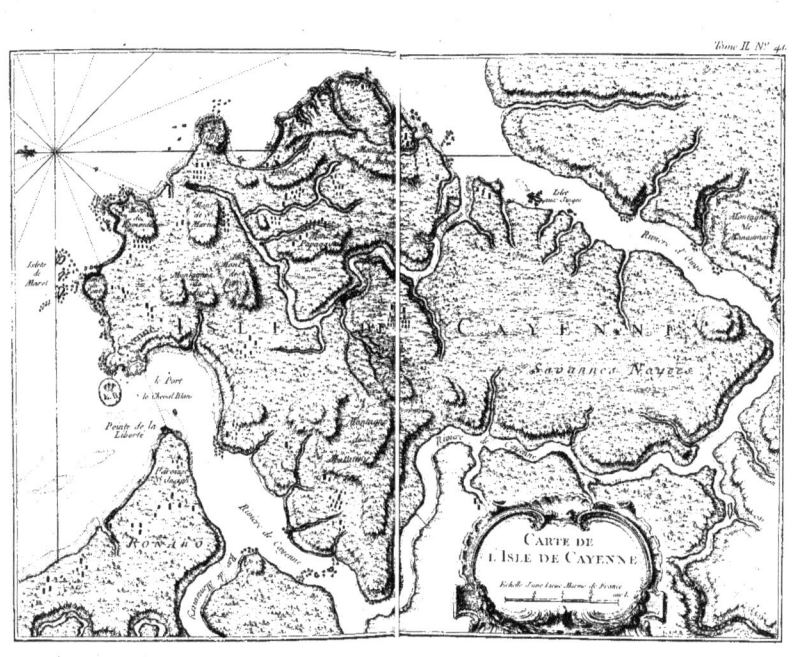

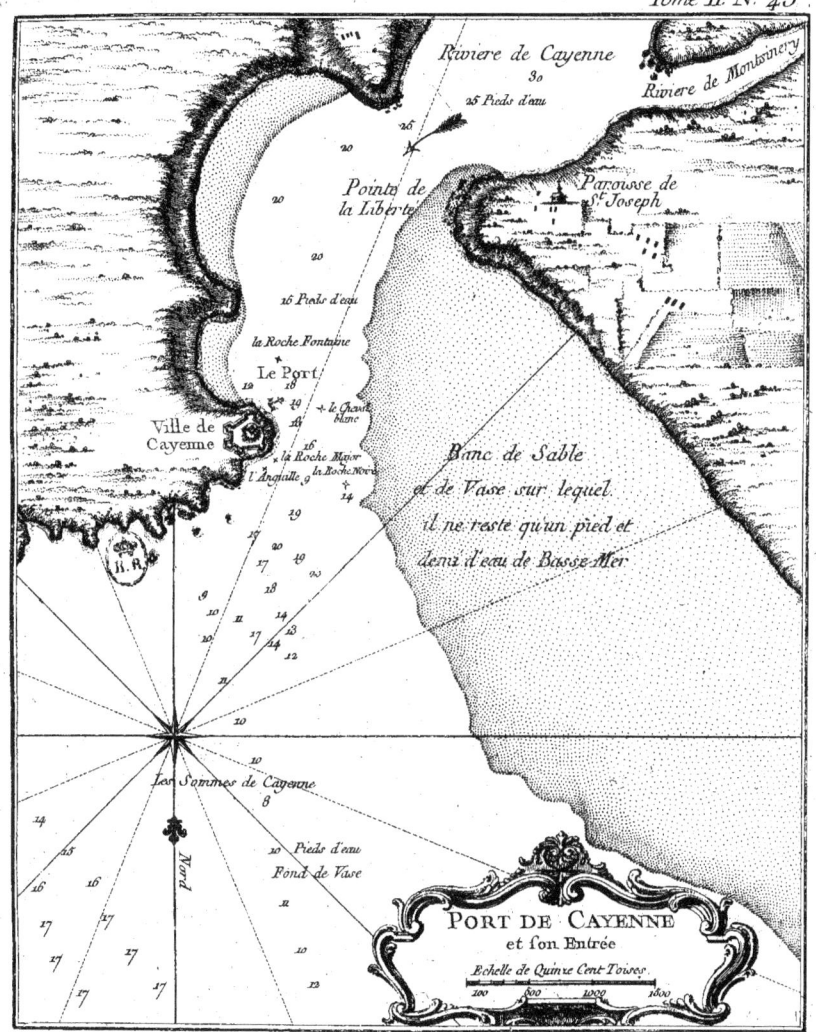

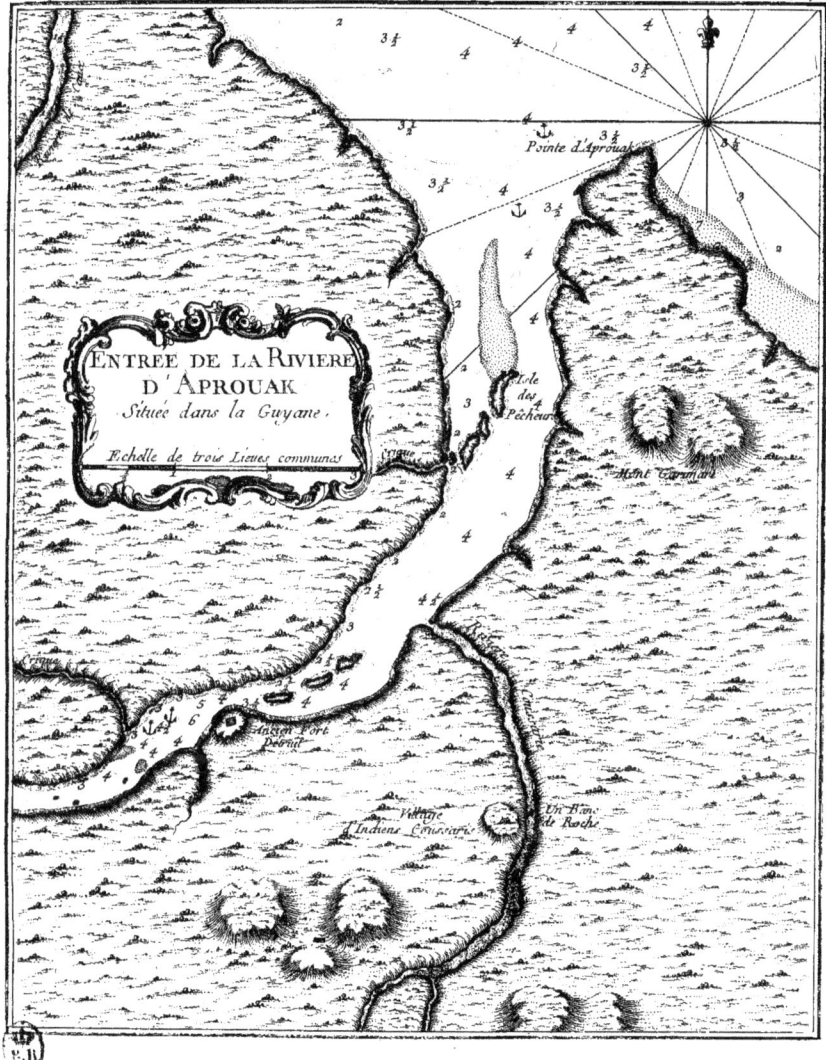

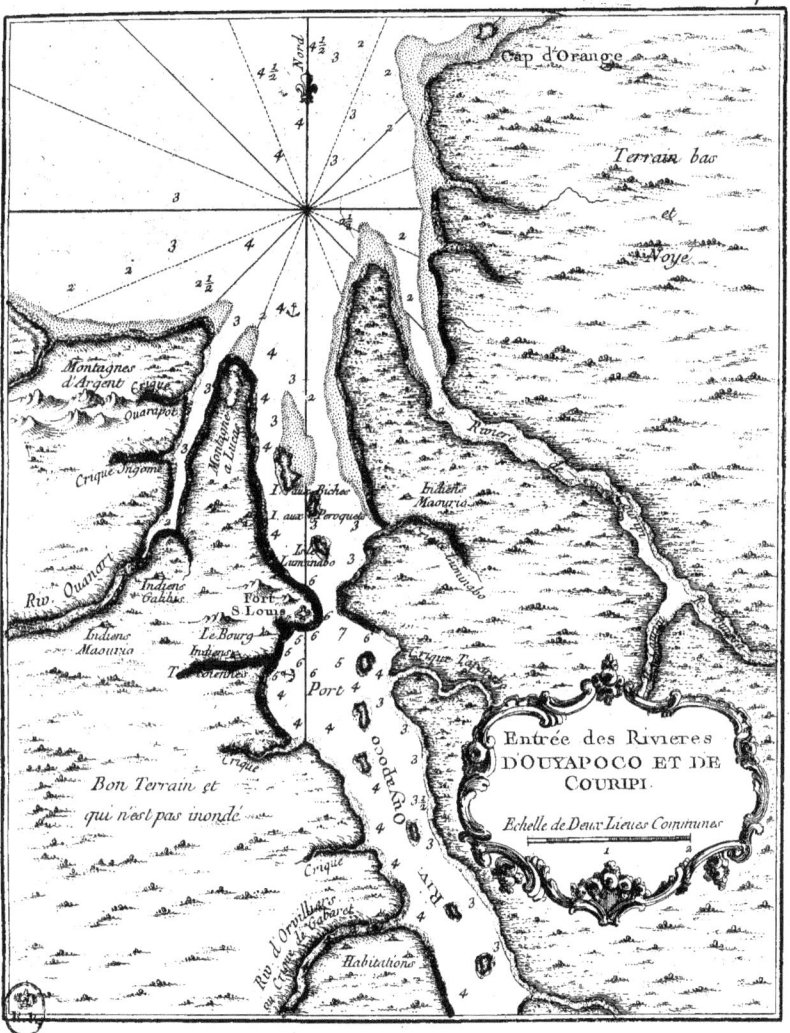

46

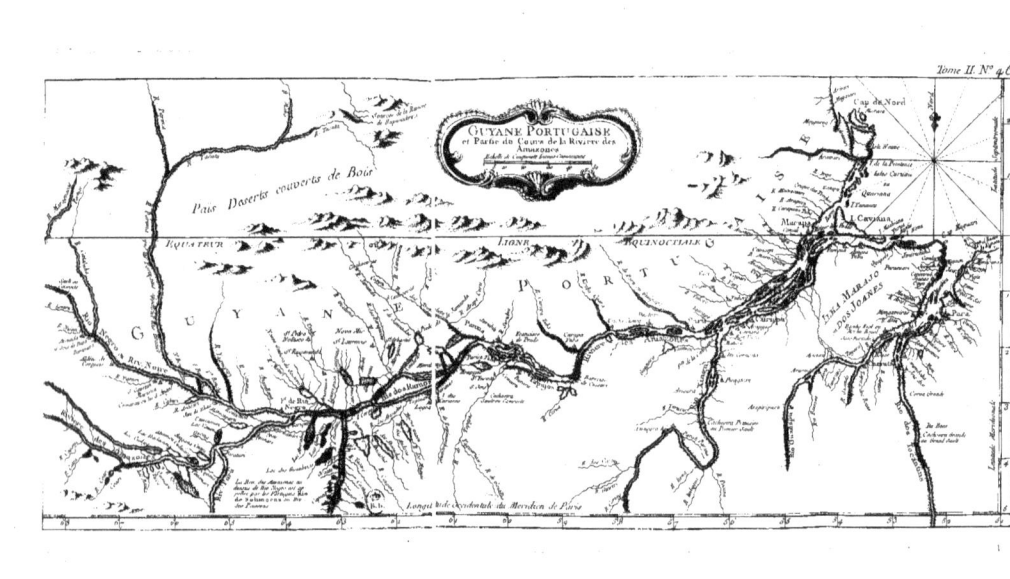

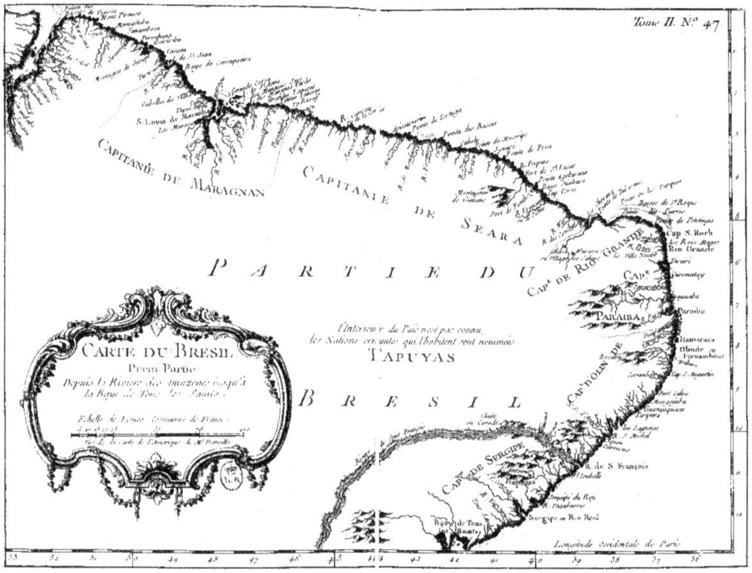

Tome II. N.° 47.
CARTE DU BRESIL
Prem. Partie
Echelle de Lieues Communes de France
CAPITANIE DE MARAGNAN
CAPITANIE DE SEARA
PARTIE DU BRESIL
L'Interieur du Païs n'est pas connu, les Nations errantes qui l'habitent sont nommées
TAPUYAS
CAP.ᴱ DE RIO GRANDE
PARAIBA
CAP.ᴱ D'OLINDE
CAP.ᴱ DE SERGIPE
S. Louis de Maragnan
Cap S. Roch
Rio Grande
Paraiba
Itamaraca
Olinde ou Fernambouc
R. de S. François
Sergipe ou Rio Real
Baye de Tous les Saints
Longitude Occidentale de Paris

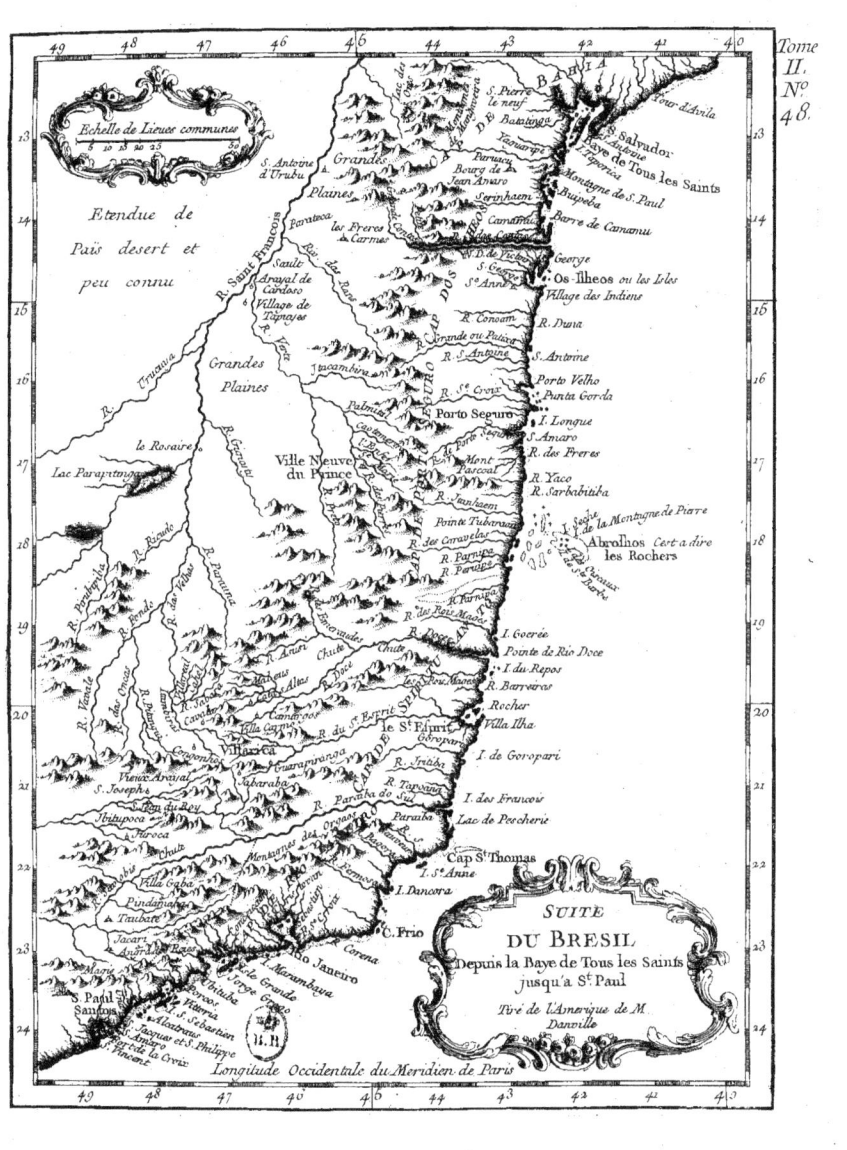

Tome II. N.º 50.

PLAN DE FERNAMBOUC a la Coste de Bresil
Echelle d'une Demie Lieue

Olinde

Riviere où l'on fait l'eau pour les Vaisseaux

l'Etang ou il y a peu de fond

Passage des Batimens

Tour a Feu ou Fanal

Nord

6
10 brasses d'eau
20
50
6
7 8 br. d'eau
8 Mouillage en dehors
7

Pont
Ville de Fernambouc
Fort
Port
Port pour de petits Batimens
Carré des Pecheurs
Batterie
Chaîne de Roches à fleur d'eau
Passage pour des Barques et Bateaux

A. Mouillage où les Vaisseaux se mettent pour charger et décharger
B. Barre que les Vaiss.ᵃᵘˣ ne peuvent passer qu'après être déchargés
C. Port pour les Vaisseaux lorsqu'ils sont déchargés

Tome II. N°. 51.

A Fort Schop
B Fort Pistve
C Fort Porto Balos
D Fort Beaumont
E Fort de Mer

CARTE DE LA
BAYE DE TOUS LES SAINTS
à la Coste du Bresil
Echelle de Cinq lieues Communes

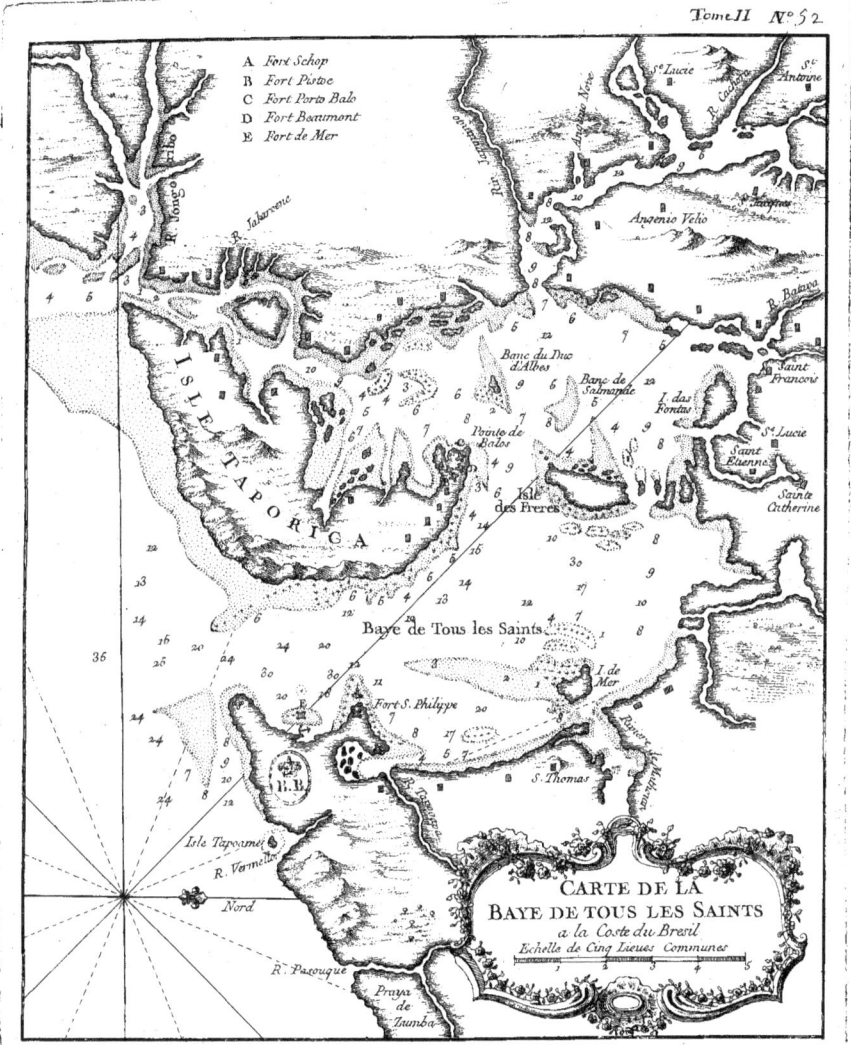

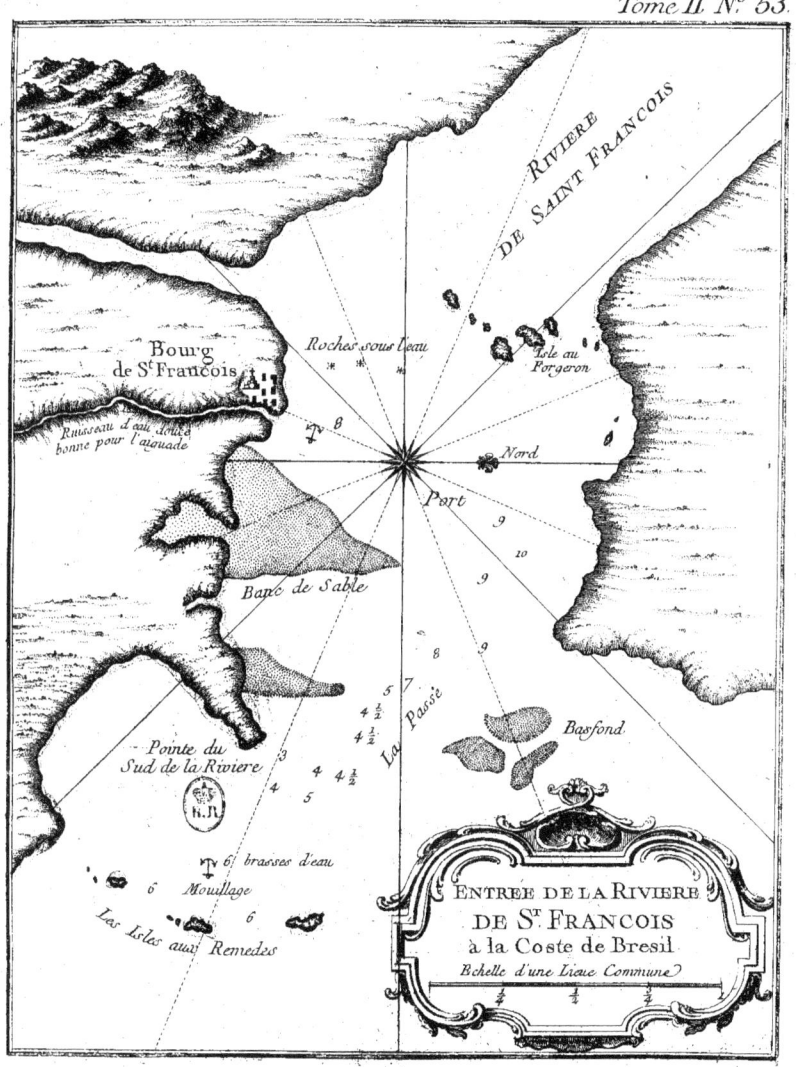

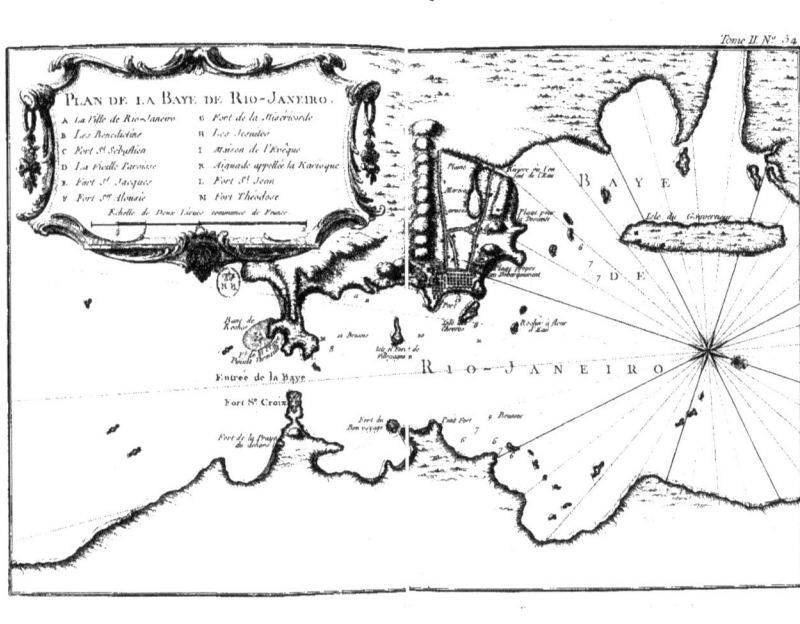

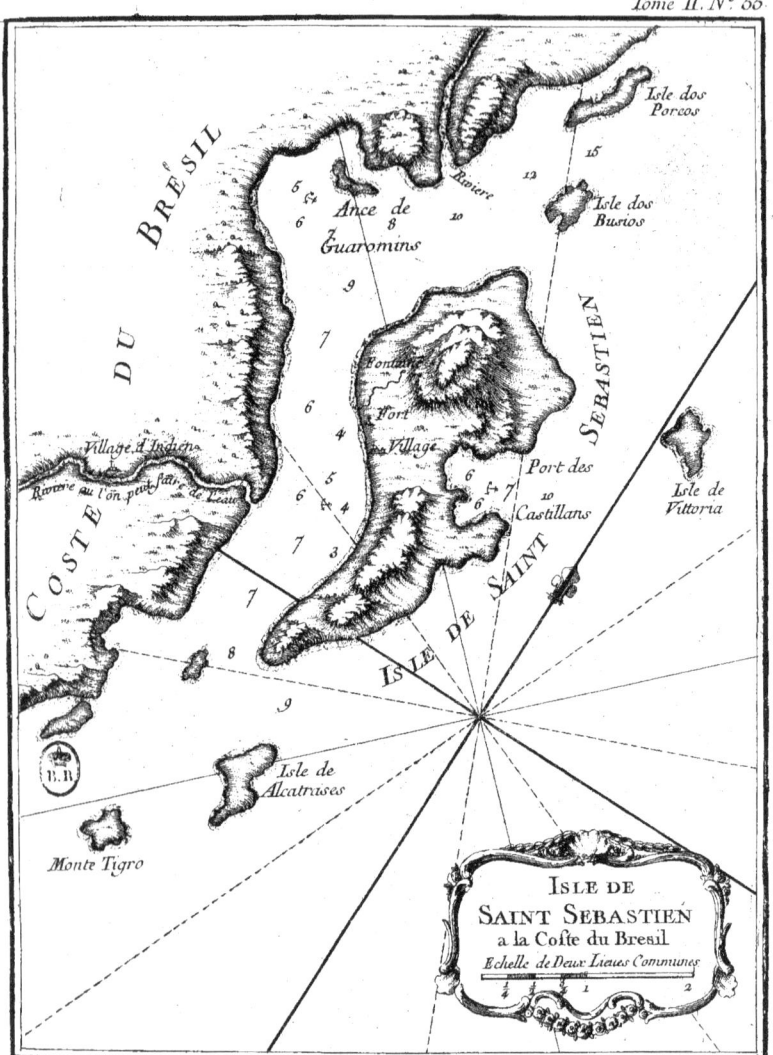

Tome II N.º 56.

CARTE
DE L'ISLE-GRANDE
et Coste de Bresil aux environs
Echelle de Quatre Lieues communes
1 2 3 4

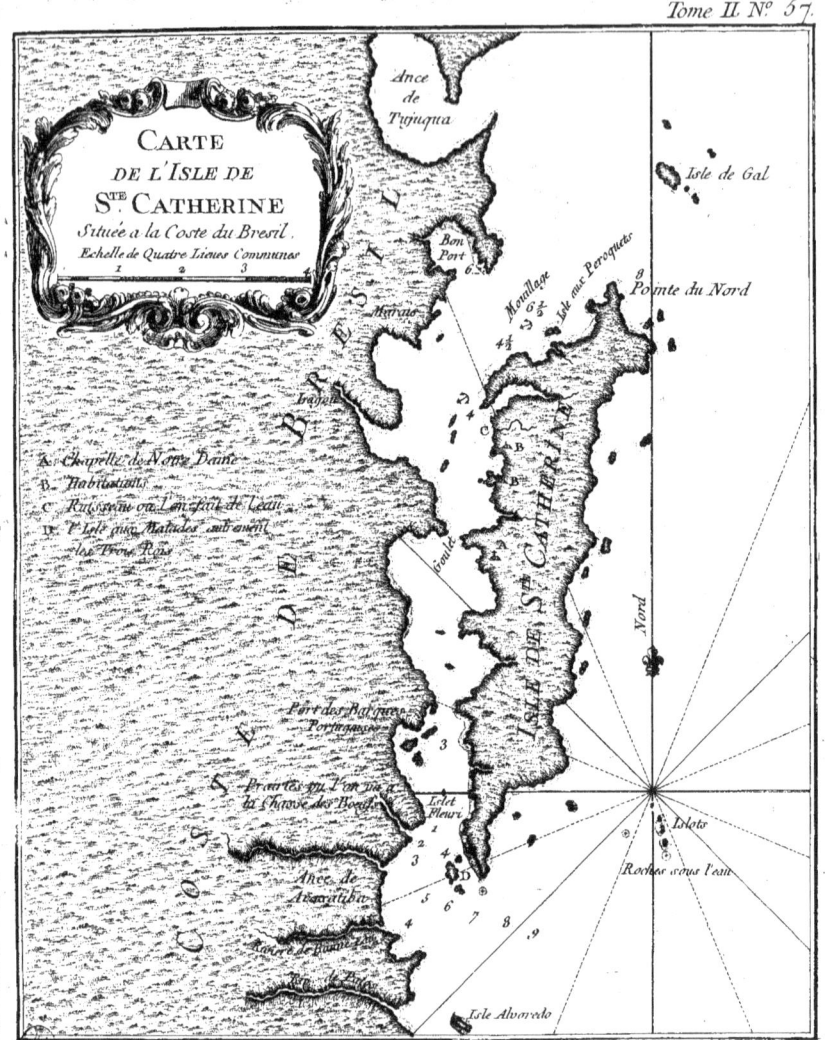

58

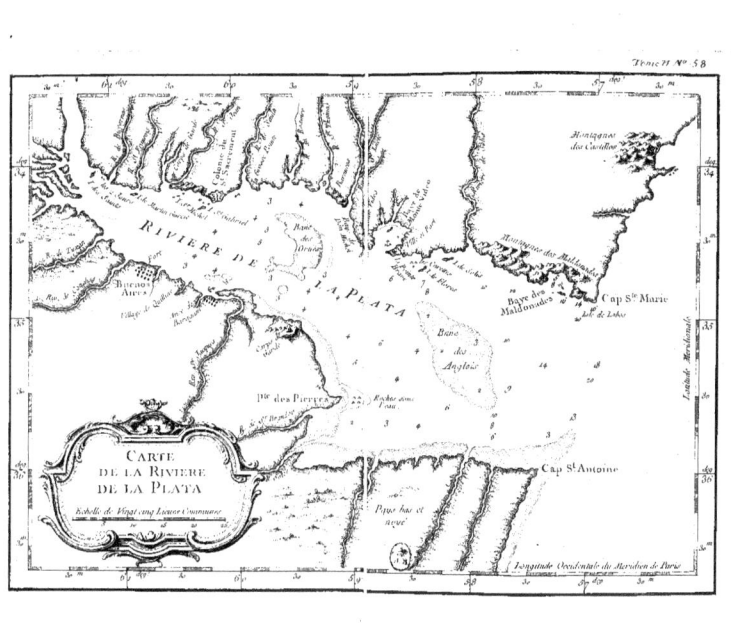

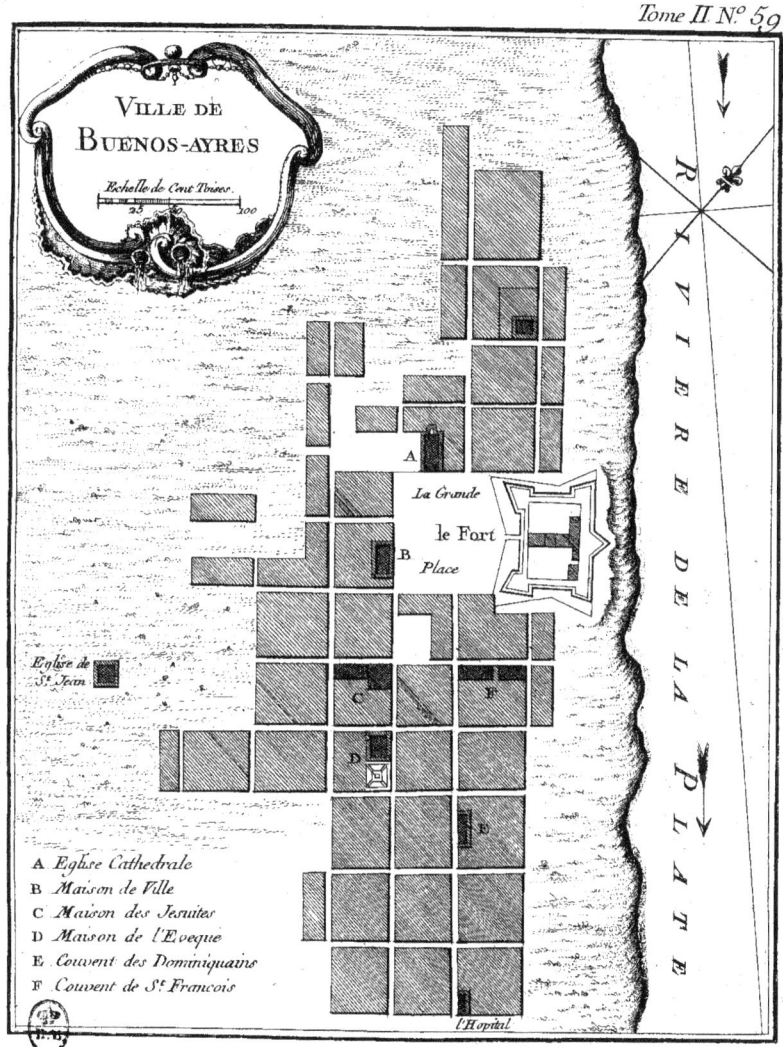

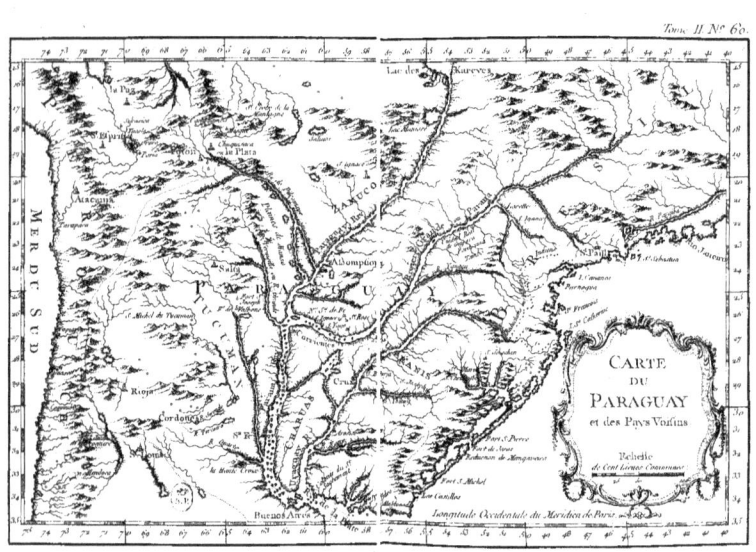

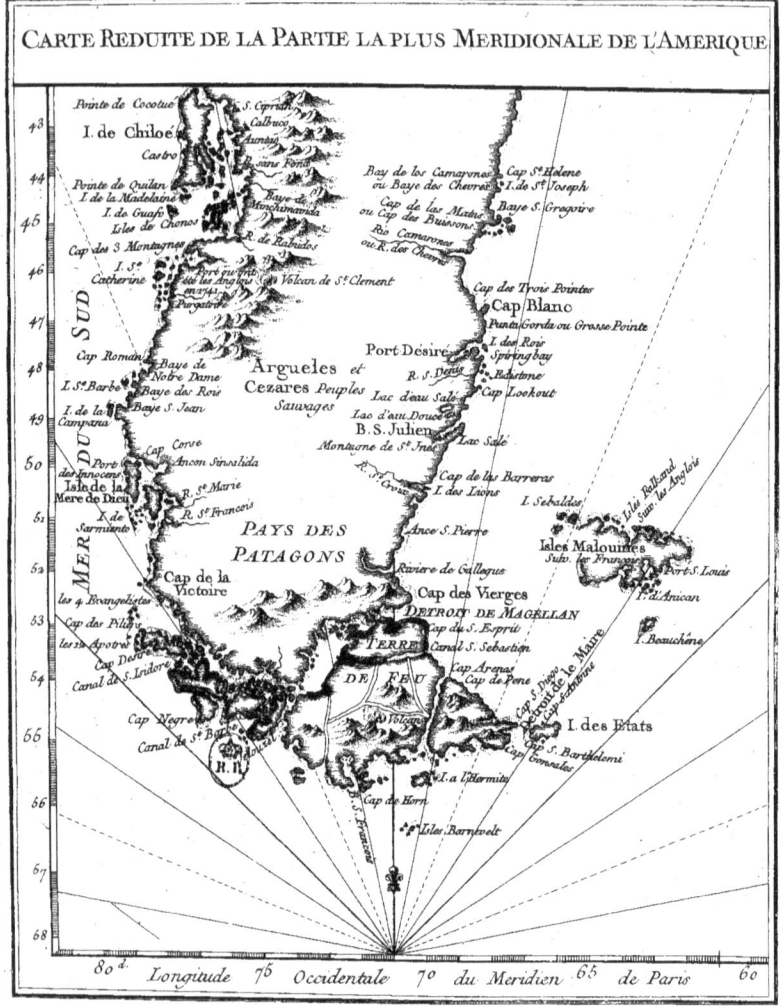

Tome II. Nº 6..

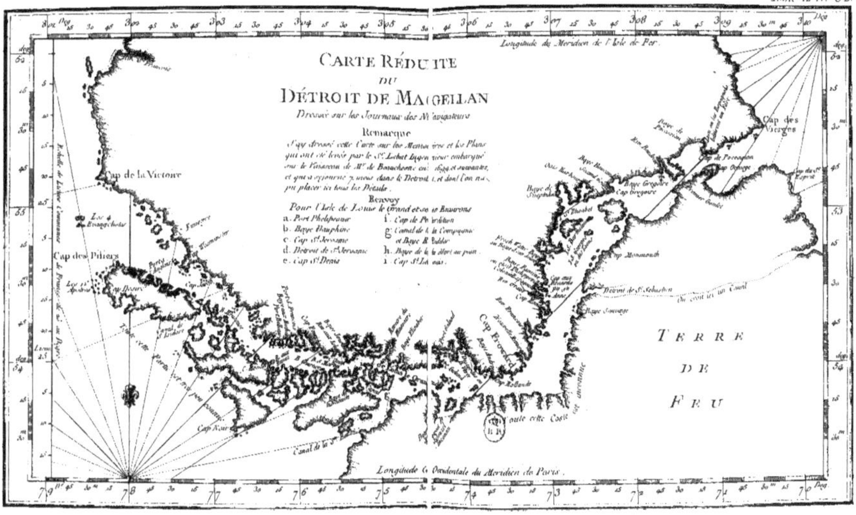
CARTE RÉDUITE
DU
DÉTROIT DE MAGELLAN
Dressé sur les Journaux des Navigateurs
Remarque
J'ay dressé cette Carte sur les Memoires et les Plans qui ont été levés par le Sr. Lebat Ingenieur embarqué sur le Vaisseau de Mr. de Beauchesne en 1699 et suivantes, et qui a sejourné 7 mois dans le Detroit, et dont l'on n'a pu placer ici tous les Détails.
Renvoy
Pour l'Isle de Louis le Grand et ses Environs
a. Port Phelipeaux
b. Baye Dauphine
c. Cap St. Jerome
d. Détroit de St. Jerome
e. Cap St. Denis
f. Cap de Perdition
g. Canal de la Compagnie et Baye Baldor
h. Baye de la Mort au point
i. Cap St. Louis
Longitude du Meridien de l'Isle de Fer
Longitude Occidentale du Meridien de Paris
Cap de la Victoire
Les 4 Evangelistes
Cap des Piliers
Cap Noir
Cap Froward
Cap des Vierges
Cap Gregoire
Détroit de St. Sebastien
Baye Sauvage
TERRE DE FEU

Tome II N.º 63.

CARTE DU
DETROIT DE LE MAIRE.
Echelle de Cinq Lieues Communes

62

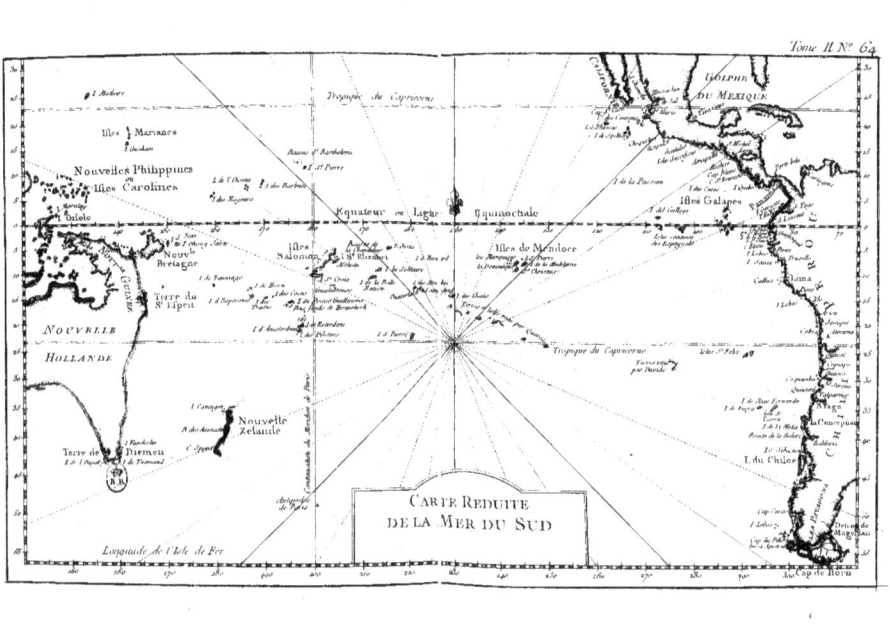

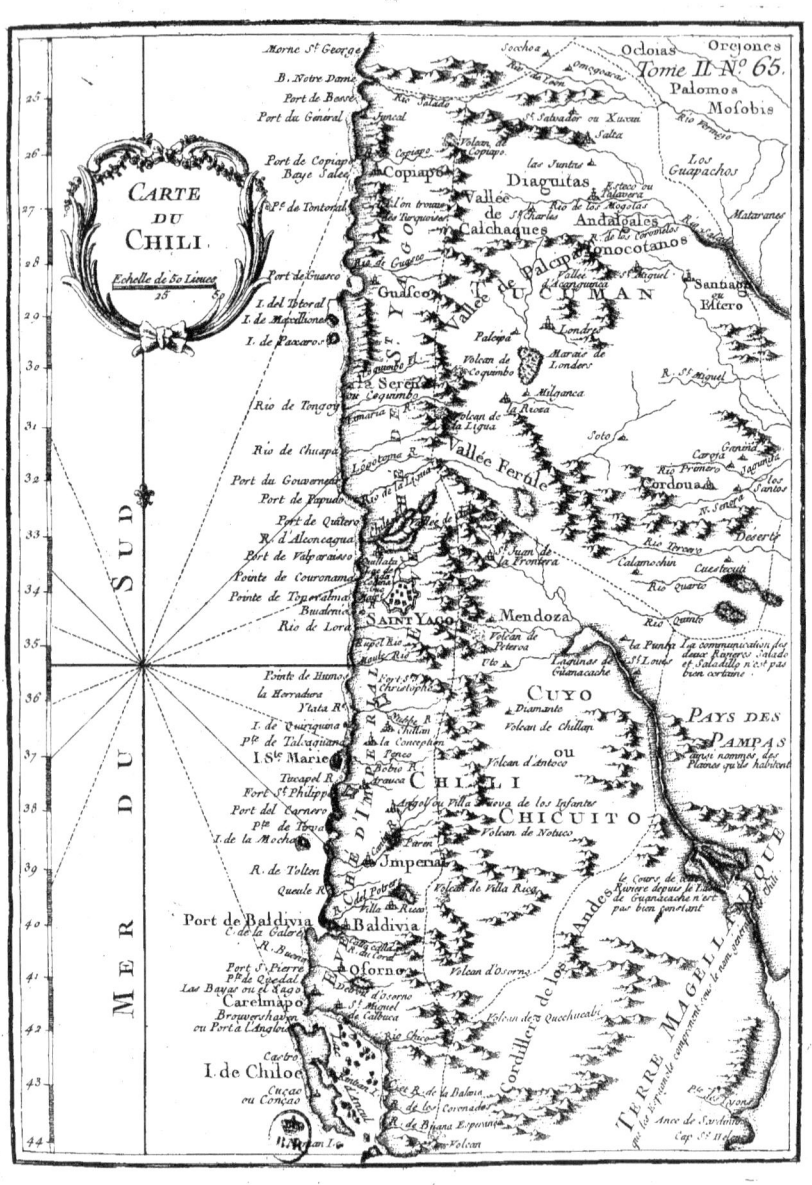

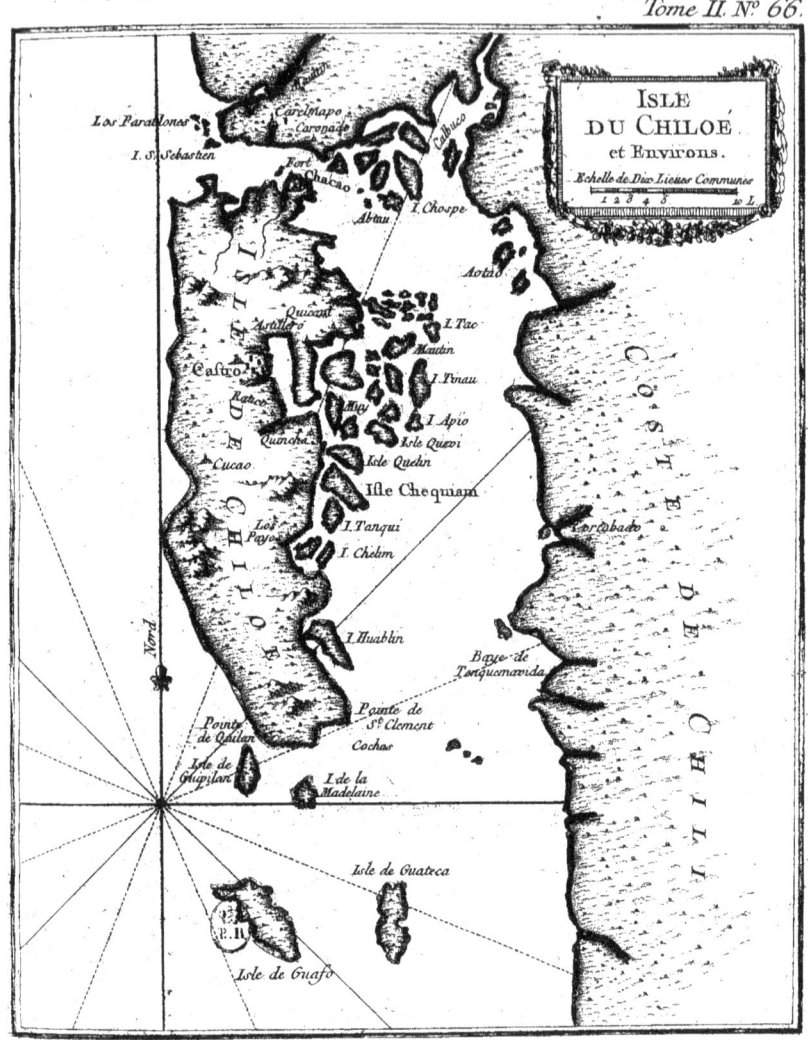

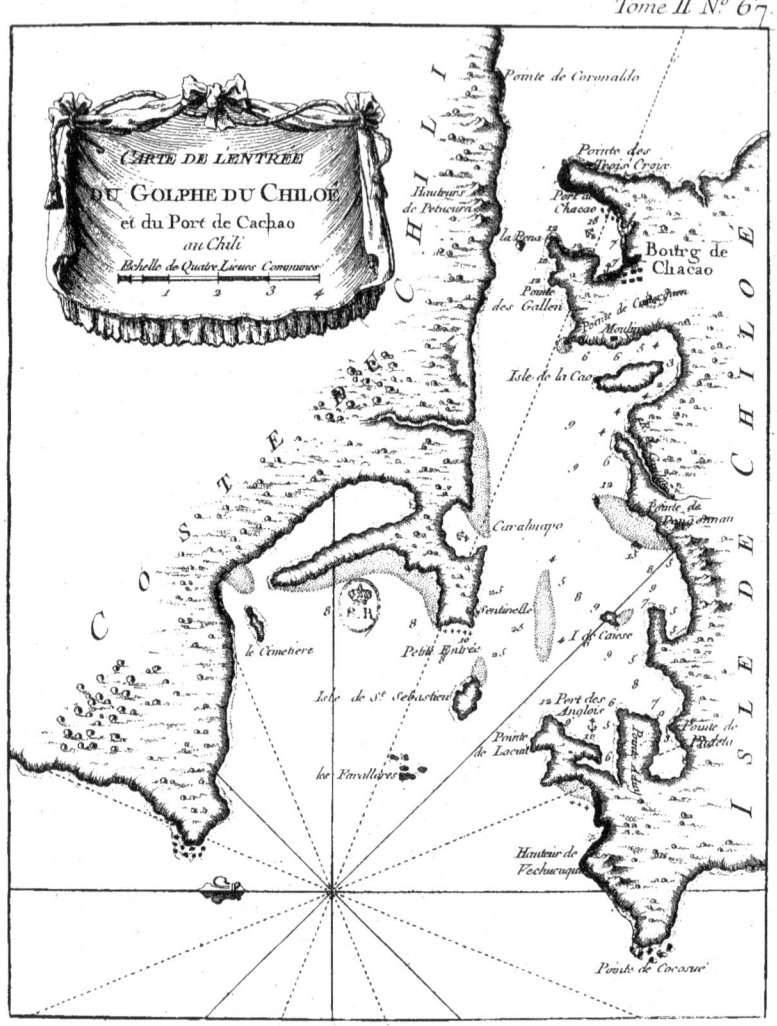

v

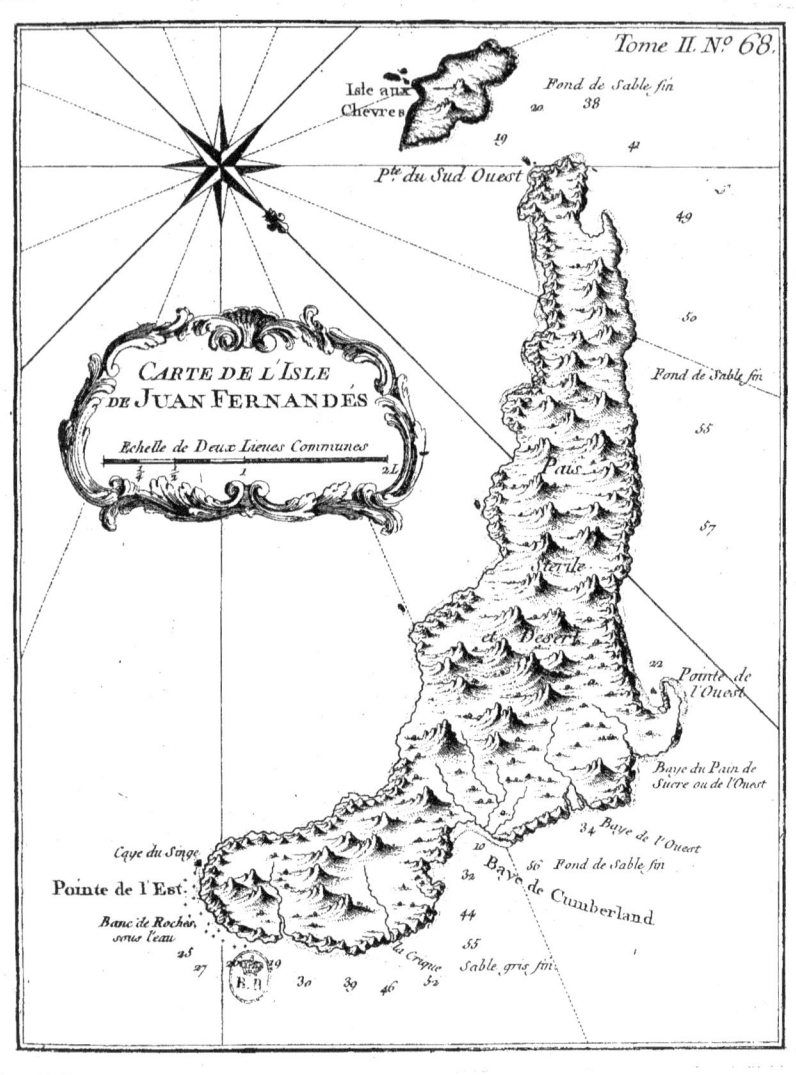

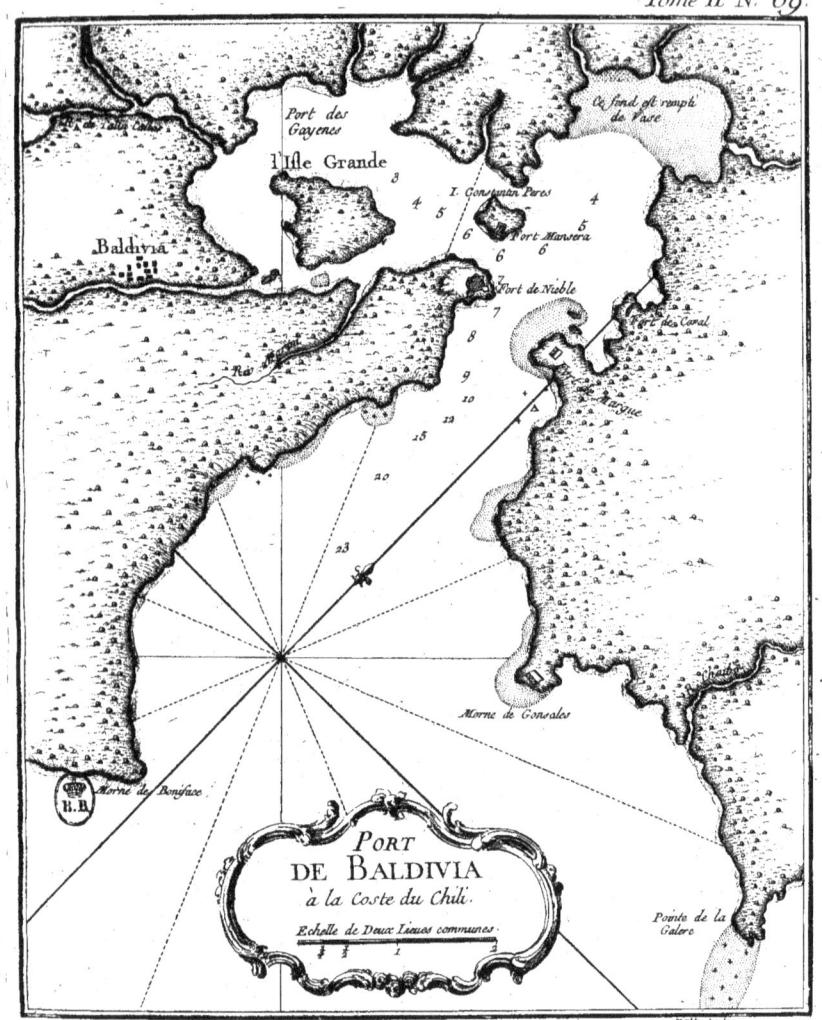

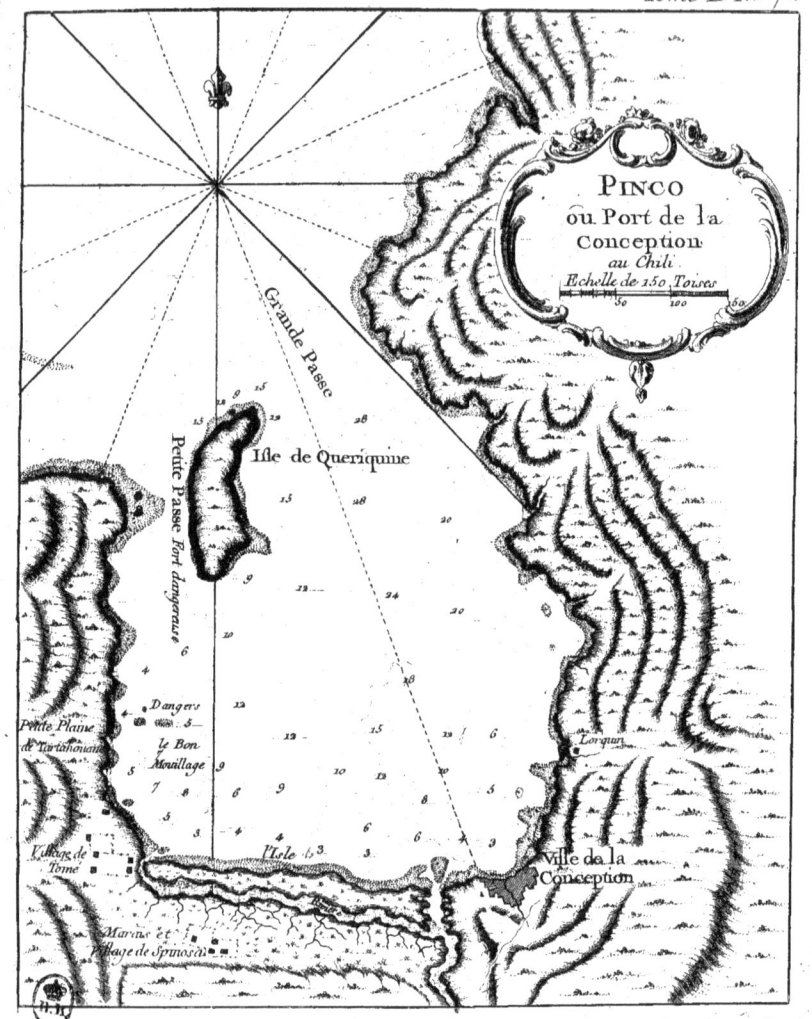

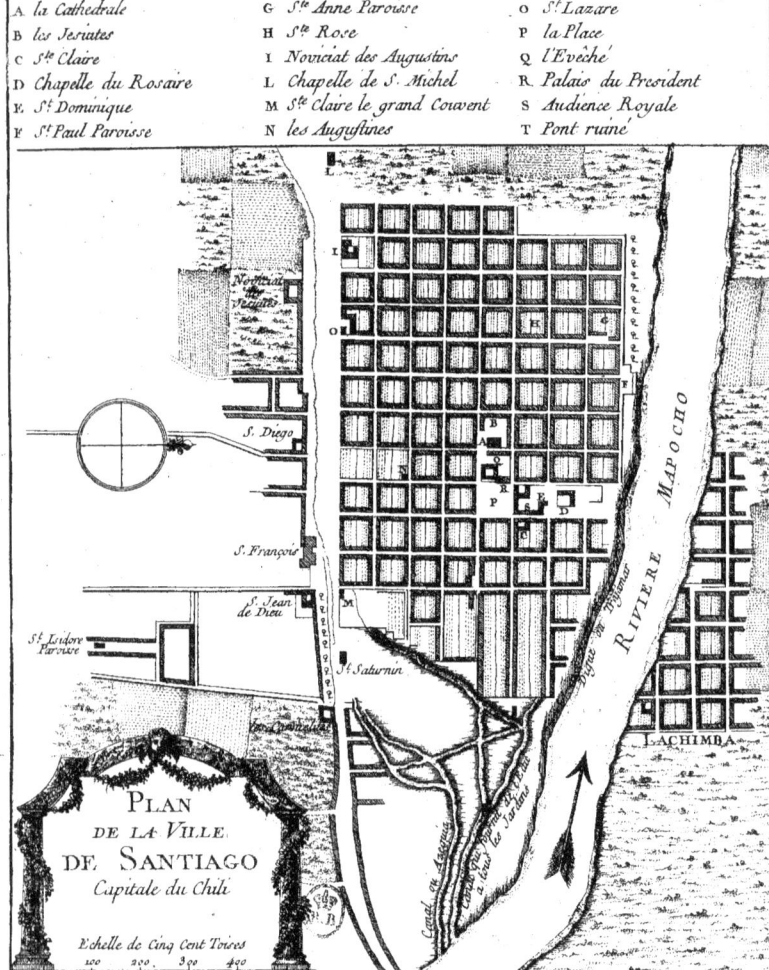

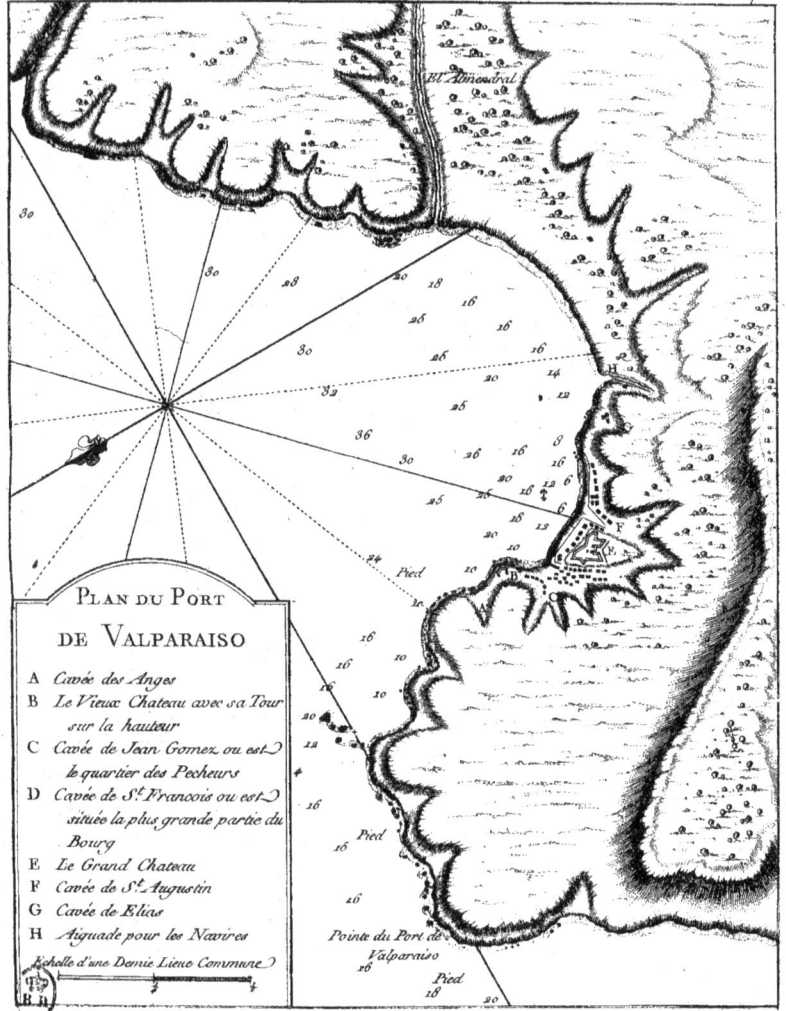

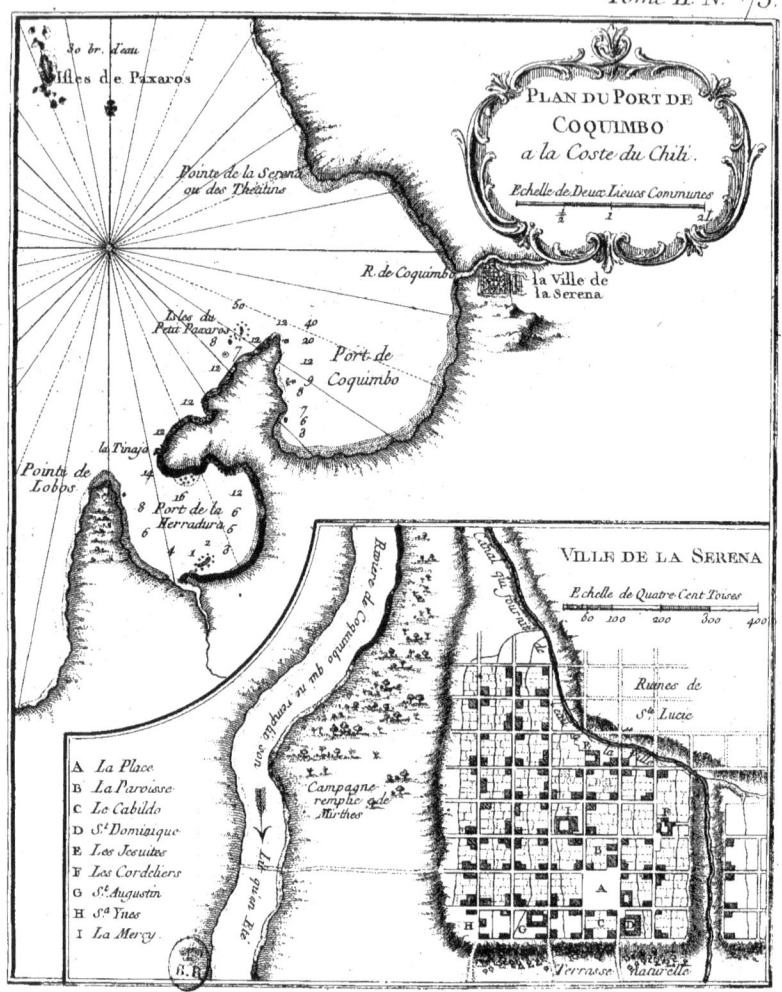

SUITE DU PEROU
AUDIENCE DE LIMA

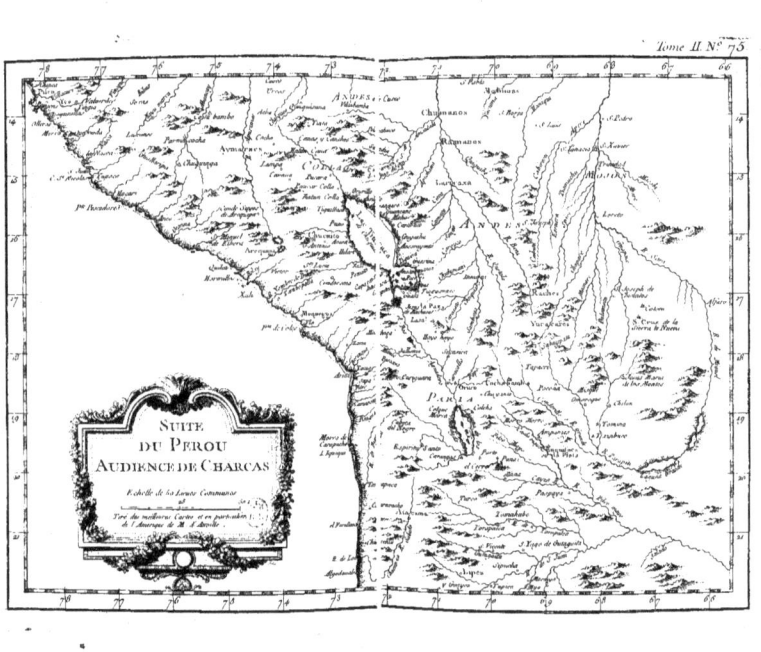

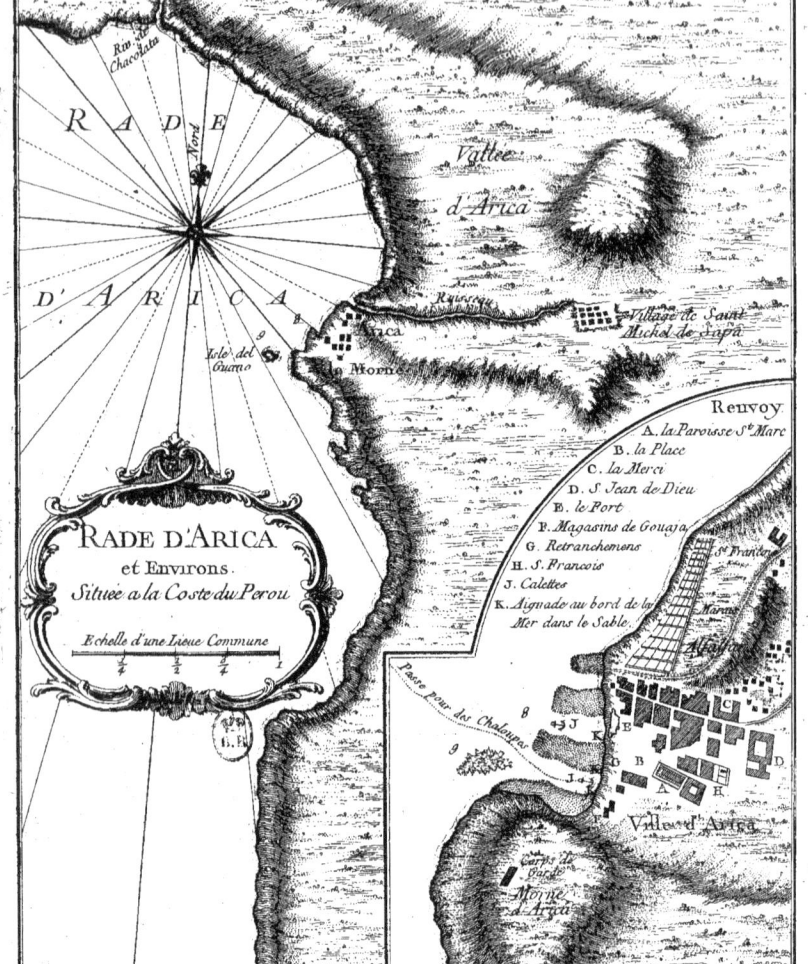

PLAN DE LA RADE DE PISCO a la Coste du Perou

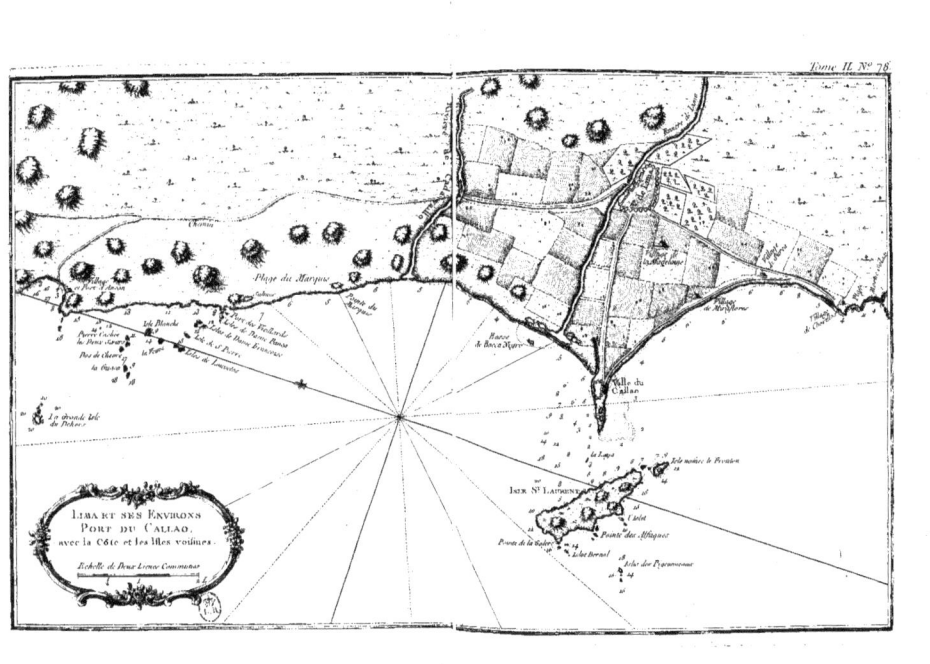

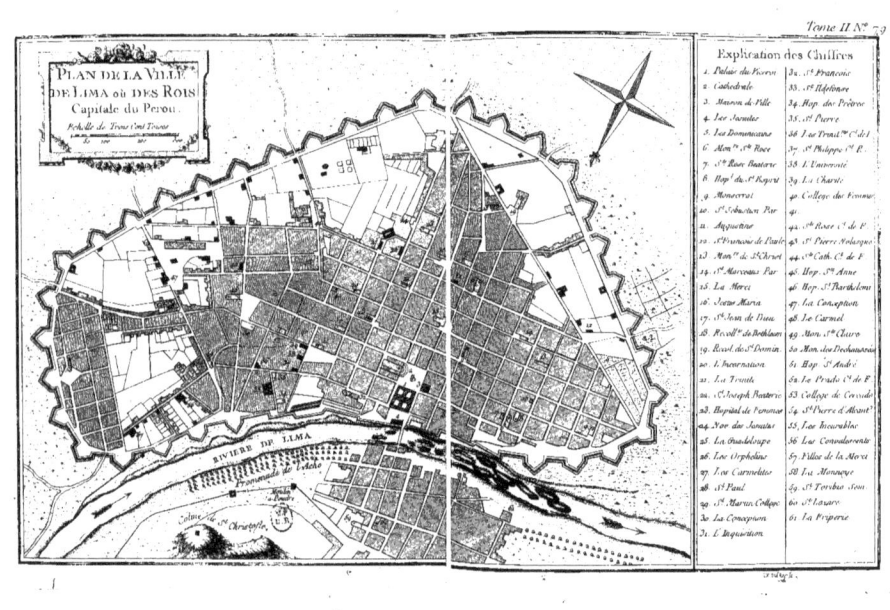

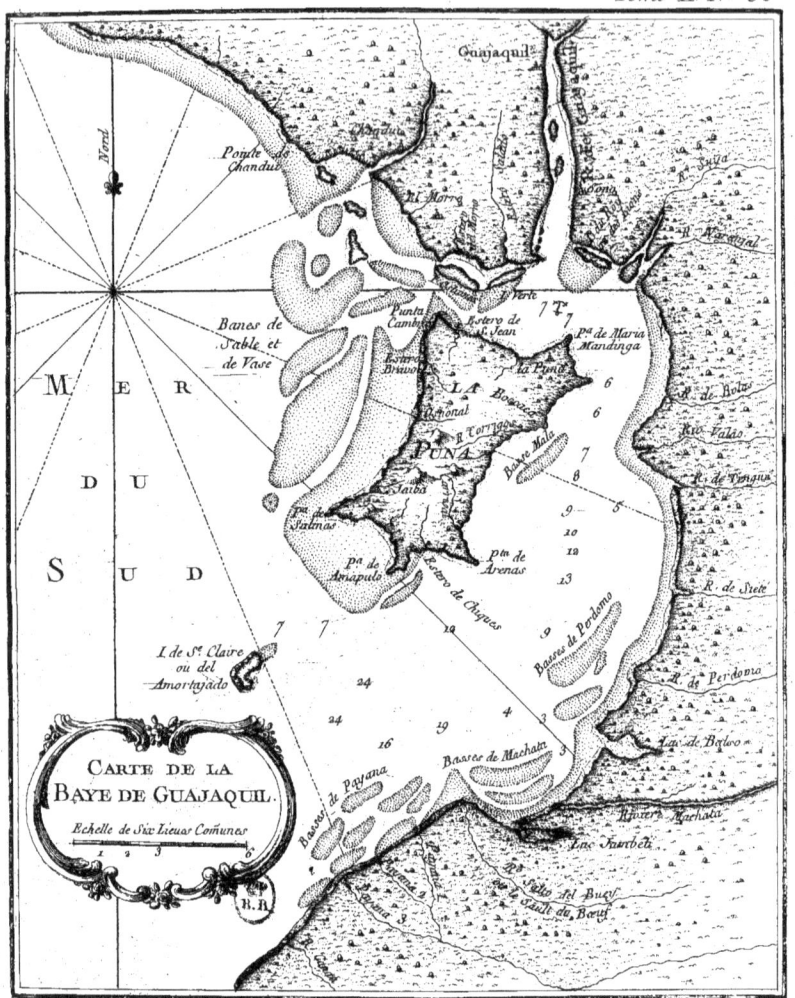

Iº Feuille
PROVINCE DE QUITO
AU PEROU
Echelle de Lieues Communes de France

82

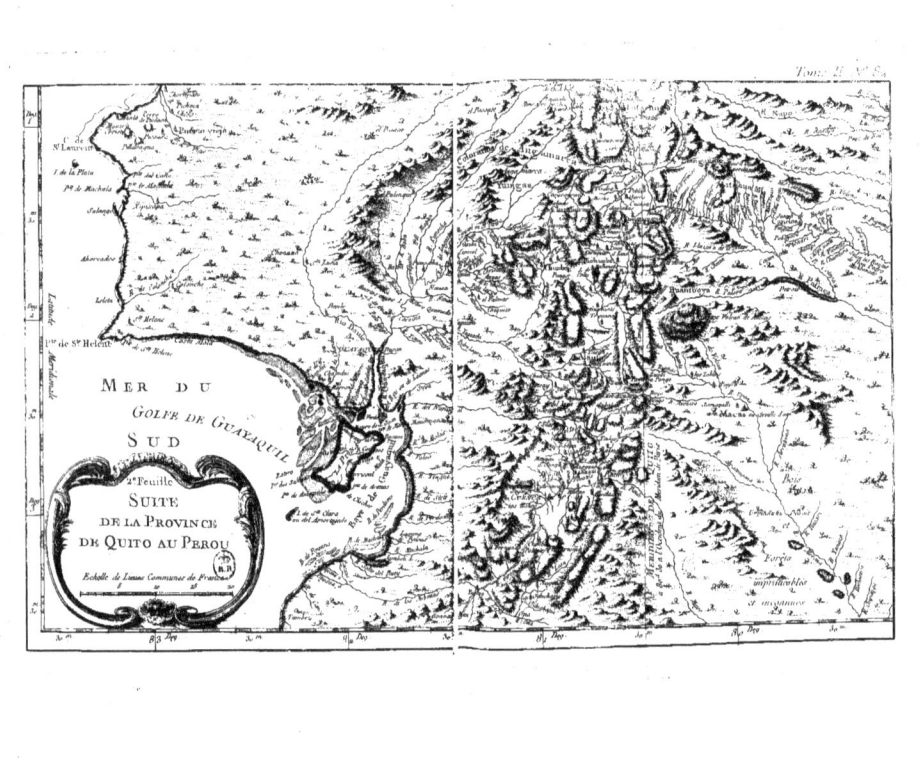

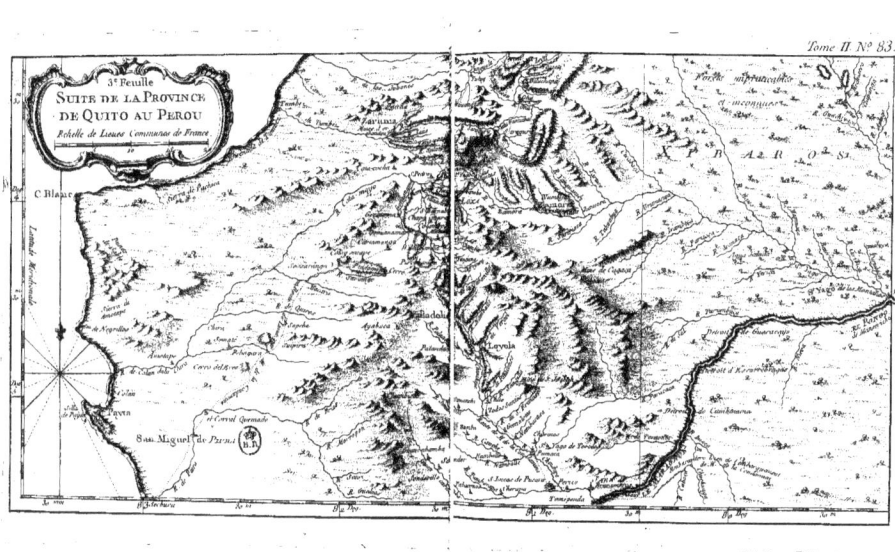

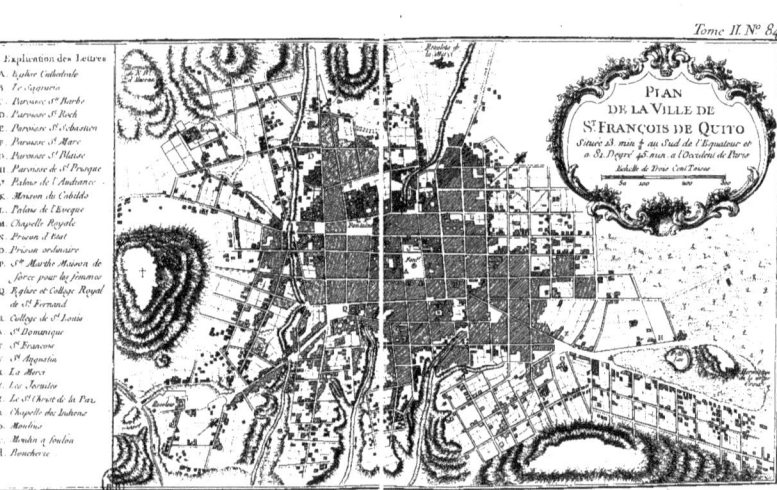

CARTE DE LA BAYE DE PANAMA dans l'Amerique Meridionale

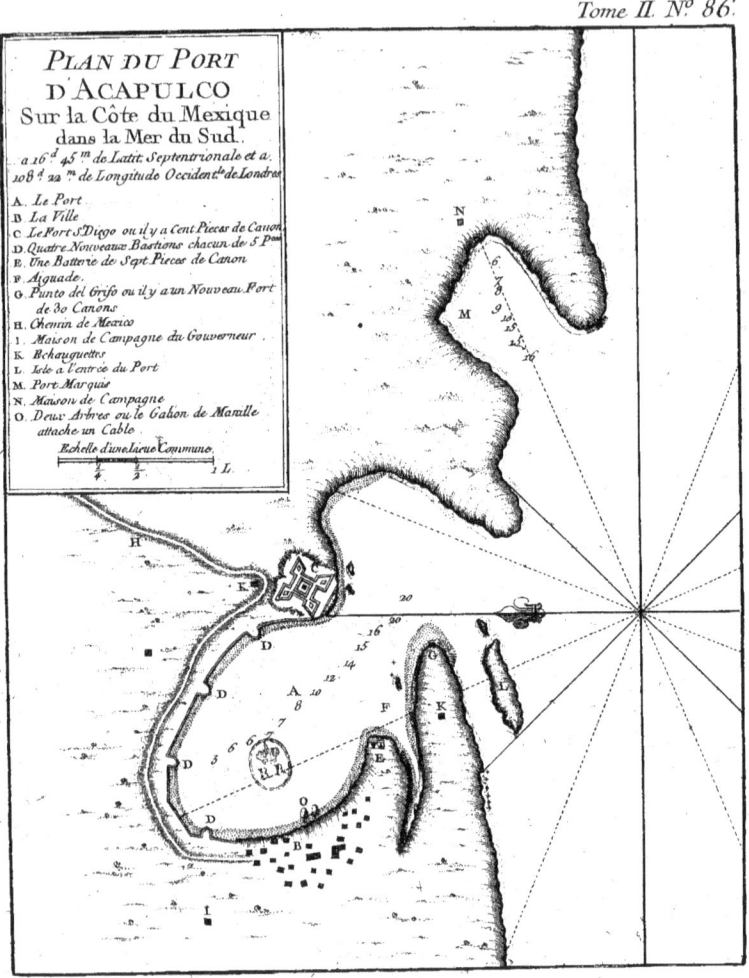

CARTE DES ISLES
AÇORES ou TERCERES
Partie Occidentale

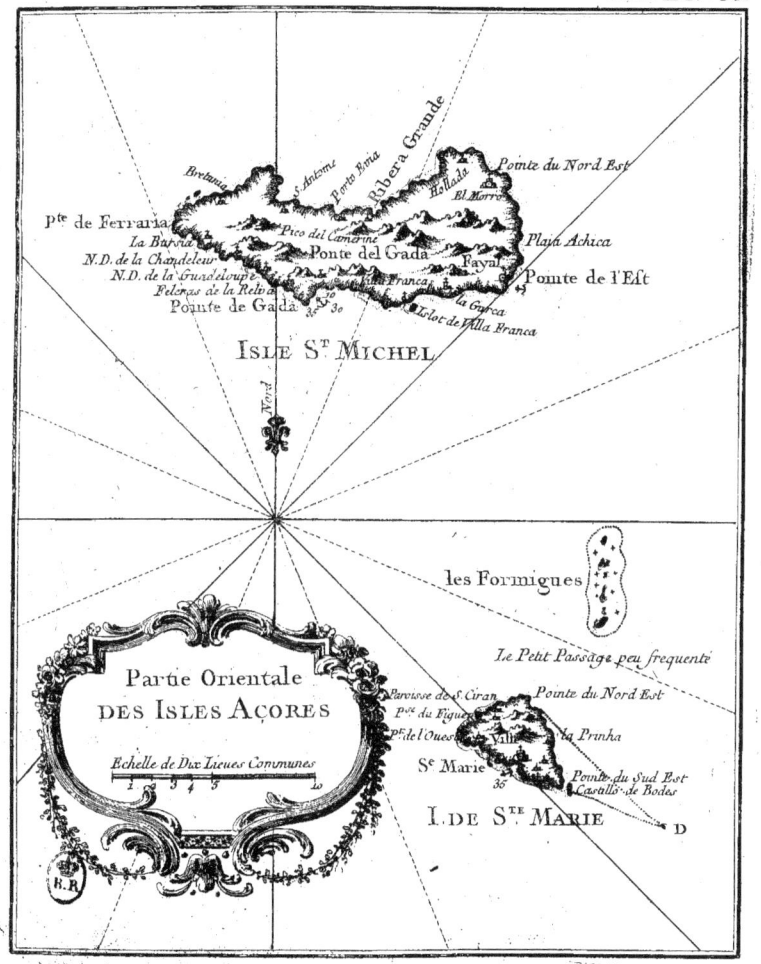

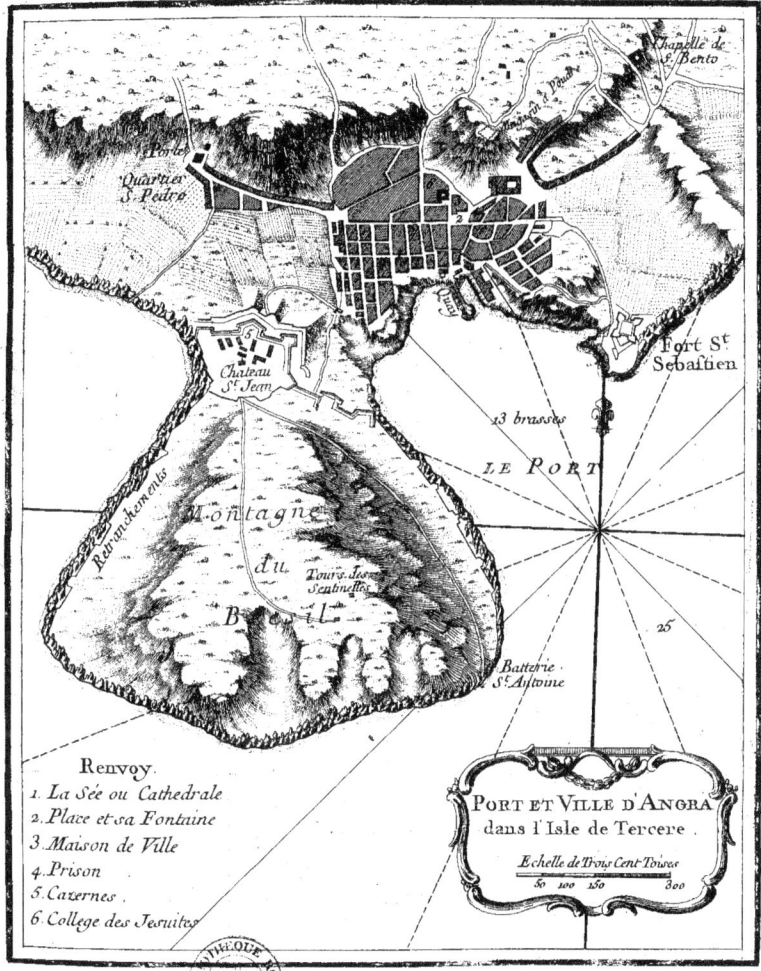

www.ingramcontent.com/pod-product-compliance
Lightning Source LLC
Chambersburg PA
CBHW071941160426
43198CB00011B/1492